LES RECETTES DU

KIOSQUE
DE
LIMONADE

DESSERTS GOURMANDS
ET GÉNÉREUX

KATRINE PARADIS & MARIE-JOSÉE MORIN

LES RECETTES DU
KIOSQUE
DE
LIMONADE

···

DESSERTS GOURMANDS
ET GÉNÉREUX

···

Catalogage avant publication de Bibliothèque et Archives nationales du Québec et Bibliothèque et Archives Canada

Paradis, Katrine

    Les recettes du Kiosque de limonade : desserts gourmands et généreux
    ISBN 978-2-89568-599-9
    1. Desserts. I. Morin, Marie-Josée, 1966 24 avril- . II. Titre.

TX773.P374 2012   641.86   C2012-940043-2

Textes : Marie-Josée Morin
Recettes : Katrine Paradis
Édition : Lison Lescarbeau
Direction littéraire : Marie-Eve Gélinas
Direction artistique : Marike Paradis
Révision linguistique : Isabelle Lalonde
Correction d'épreuves : Anik Tia-Samson
Couverture, grille graphique intérieure et mise en pages : Clémence Beaudoin
Photographies : Sarah Scott
        (sauf p. 5 haut, p. 38, p. 46, p. 119 bas, gauche : NathB ; p. 6 : 98,5 FM ; p. 22, p. 93 haut, gauche, p. 122 : Adam Martin ; p. 19 bas,
        droite, p. 35 haut, droite, p. 111 haut, droite, p. 126 : archives personnelles)
Styliste culinaire et accessoiriste de studio : Anne Gagné
Recherche d'accessoires : Sylvain Riel
Photo des auteures : Sarah Scott

Remerciements

Nous reconnaissons l'aide financière du gouvernement du Canada par l'entremise du Fonds du livre du Canada pour nos activités d'édition. Gouvernement du Québec – Programme de crédit d'impôt pour l'édition de livres – gestion SODEC.

Les Éditions du Trécarré
Groupe Librex inc.
Une compagnie de Quebecor Media
La Tourelle
1055, boul. René-Lévesque Est
Bureau 800
Montréal (Québec) H2L 4S5
Tél. : 514 849-5259
Téléc. : 514 849-1388
www.edtrecarre.com

Dépôt légal – Bibliothèque et Archives nationales du Québec et Bibliothèque et Archives Canada, 2012

ISBN : 978-2-89568-599-9

Distribution au Canada
Messageries ADP
2315, rue de la Province
Longueuil (Québec) J4G 1G4
Tél. : 450 640-1234
Sans frais : 1 800 771-3022
www.messageries-adp.com

Diffusion hors Canada
Interforum
Immeuble Paryseine
3, allée de la Seine
F-94854 Ivry-sur-Seine Cedex
Tél. : 33 (0)1 49 59 10 10
www.interforum.fr

«Je voulais vous remercier d'avoir permis
à Pauline de vivre une expérience précieuse
et inoubliable au Kiosque de limonade.
Se rendre utile aux autres, être un agent de changement,
ça ne s'apprend pas dans les livres d'école !
C'est grâce à des gens comme vous que nous pouvons
contribuer à changer le monde, un geste à la fois.
C'est grâce à de tels modèles qui gravitent autour d'eux,
qui les invitent à s'impliquer, que nos enfants apprennent
la valeur du bénévolat et développent le goût
de l'engagement. C'est précieux !

Merci beaucoup !»

– Isabelle, maman de Pauline

SOMMAIRE

PRÉFACE

L'histoire du Kiosque de limonade, c'est avant tout une histoire d'amitié, de familles aimantes, d'enfants généreux, de voisins au cœur gros comme un camion, tous animés par ce même désir de changer le monde… un verre de limonade à la fois.

Il y a du merveilleux dans ce livre. Il y a de la magie. Et des heures de travail. Les recettes servent bien sûr d'appâts. Qui pourrait résister à ces milliers de litres de nectar citronné, à ces gâteries savamment décorées, à ces gourmandises et autres délices dignes du grand banquet d'Alice au pays des merveilles?

L'appât fonctionne. On est totalement happé par ce tourbillon de couleurs acidulées, d'étincelles sucrées, de caramel fondant d'amour. Quelle dose d'énergie et de lumière!

Mais le cœur de l'ouvrage, ce sont les personnages qui l'habitent, et la mission qu'une poignée de bénévoles s'est donnée dès le début de l'aventure.

Sous l'impulsion de Katrine Paradis, organisatrice en chef du Kiosque de limonade, les profits sont depuis une décennie versés à la Fondation CHU Sainte-Justine. Je ne saurais assez vous dire mon profond attachement pour cet endroit qui a vu naître mes deux filles, Audrey et Laura. Je répondrai toujours à l'appel pour cet hôpital de pointe, un des meilleurs au pays, qui sauve chaque année la vie de centaines d'enfants et en traite des milliers d'autres.

Cet été, Laura tenait à se lancer en affaires avec quelques copines du quartier et m'a convaincue de financer son premier kiosque de limonade. Il faisait chaud, la journée était belle, mais nous manquions totalement d'expérience et de ressources. Quelques voisins ont encouragé les filles, folles de joie et de fierté à la fin de la journée en comptant leurs précieux dollars. Zéro profit mais des rires francs et du partage. Et combien valent ces étoiles dans les yeux de nos enfants? Rien ne peut se comparer au plaisir de faire quelque chose d'utile.

Cette année, le Kiosque de limonade de Katrine et de sa bande de joyeux pâtissiers pourra compter sur de nouvelles bénévoles. Les filles en rêvent déjà. Et je trouverai même de la place dans mon congélateur s'il faut stocker des gâteaux en attendant le grand jour.

Ce jour-là, comme chaque année depuis dix ans, il fera un soleil éclatant, les enfants gambaderont un peu partout les mains collantes et la limonade coulera à flots... pour une grande cause qui nous tient à cœur!

Bisous sucrés,

Isabelle Maréchal

Le Kiosque de limonade,
une recette porteuse d'espoir

Un sourire enjôleur, toujours de bonne humeur, Katrine Paradis possède un don précieux : celui de croire que tout est possible et d'en convaincre son entourage. L'aventure du Kiosque de limonade, elle l'a commencée par amour de la cuisine et elle la continue pour l'amour des enfants. Plus que jamais, ceux-ci sont présents, nombreux à mettre la main à la pâte, souriants et fiers du travail accompli pour venir en aide aux enfants malades en remettant les profits à la Fondation CHU Sainte-Justine. L'enthousiasme de la brigade de bénévoles toujours grandissante donne l'énergie nécessaire pour poursuivre l'organisation de ce qui est dorénavant un événement incontournable.

Le Kiosque de limonade s'est construit pas à pas, un gâteau à la fois, grâce aux initiatives des enfants. L'ouverture à toutes les contributions a permis au petit monde du quartier de devenir des acteurs chez eux plutôt que de rester de simples spectateurs. Comme l'appétit vient en mangeant, le goût du don de soi vient en donnant. C'est donc cette petite graine qui a germé, entraînant parents et amis dans une chaîne de gestes généreux d'une réjouissante simplicité.

Si, en dix ans, la somme annuelle des dons recueillis par le Kiosque de limonade est passée de 35,50 $ à 35 500 $ – une ascension vertigineuse –, pour un total de 125 000 $, ce n'est pas ce chiffre qui a poussé la Fondation CHU Sainte-Justine à s'associer au livre. Celle-ci confie : « Si en bout de course cette histoire fait en sorte que des petits Kiosques poussent un peu partout pour venir en aide à un hôpital de région ou à un centre de répit pour les familles, c'est toute la société qui sera gagnante. »

Le plus grand exploit du Kiosque de limonade ne réside pas dans la somme des dons amassés, mais bien dans la force des liens tissés. Il porte le message que la satisfaction de se sentir utile est contagieuse, qu'elle donne de la force dans la tête et dans le cœur. L'hôpital Sainte-Justine est avant tout un établissement qui veille à la santé des enfants et des familles ; c'est pourquoi le Kiosque de limonade a choisi de veiller sur lui. Voici donc l'histoire d'une recette porteuse d'espoir…

Lors du premier Kiosque, on offrait l'incontournable limonade et quelques biscuits. Au fil des années, les biscuits se sont multipliés et les muffins se sont ajoutés. En voici donc plusieurs recettes ainsi que trois versions de limonade.

QU'EST-CE QU'ON FAIT
AUJOURD'HUI?

Biscuits, muffins et limonades

Un kiosque de limonade!

Une idée spontanée, ensoleillée. Un classique de l'enfance!

C'est cette étincelle sucrée qui poussa Katrine, son amie et leurs modèles réduits à se lancer dans l'aventure du Kiosque de limonade, il y a dix ans.

À ce stade de l'histoire, elles ne se doutaient pas qu'elles venaient d'ouvrir un robinet qui laisserait s'échapper plus de 1 000 litres de liquide rose acidulé. Ça, elles allaient le découvrir plus tard! Leur geste était simplement motivé par le soleil et la bonne humeur. Elles ont ainsi désaltéré quelques passants dans un parc du quartier.

Les choses auraient pu s'arrêter là, mais, quand Katrine est revenue à la maison, son amoureux lui a demandé:

— Qu'est-ce que tu comptes faire avec l'argent que tu as amassé?

Après une minute de réflexion, Katrine a remballé sa marmaille, direction l'hôpital Sainte-Justine, pour aller offrir le fruit de leurs efforts: 35,50 $.

C'est là que le robinet de limonade s'est définitivement ouvert. Sur le chemin du retour, Katrine a proclamé:

— L'année prochaine, les filles, on fera aussi des petits gâteaux!

Précisons ici que Sarah a alors trois mois. L'année prochaine, à quinze mois, elle pourra sans doute participer activement à la confection de gâteaux avec sa sœur aînée, Margaux, qui aura quatre ans.

En fait, contrairement à ce qu'indique la grammaire, le «on» de cette déclaration allait inclure la personne qui parle et ses filles, puis sa mère, ses amis, sa tante, ses voisins…

limonade jaune

2 LITRES

1 tasse de sucre
1 + 5 tasses d'eau
1 tasse de jus de citron (4 ou 5 citrons)
Quelques rondelles d'agrumes

1 Dans une petite casserole, préparer un sirop simple en chauffant le sucre et 1 tasse d'eau à feu moyen jusqu'à ce que le sucre soit complètement dissous. Laisser tiédir. 2 Dans un grand pichet, verser le sirop simple, les 5 tasses d'eau restantes et le jus de citron, préalablement passé au tamis afin d'en retirer la pulpe. Mélanger et réfrigérer. 3 Décorer avec les rondelles d'agrumes et servir avec des glaçons.

16

POUR UN PLUS BEL EFFET, PRÉPAREZ DES GLAÇONS AVEC DES MORCEAUX D'AGRUMES OU DES BAIES À L'INTÉRIEUR.

limonade rouge

2 LITRES

1 tasse de sucre
1 + 5 tasses d'eau
10 feuilles de menthe
½ tasse de coulis de framboises
  (recette p. 76)
1 tasse de jus de lime frais
  (6 ou 7 limes)
Bouquets de menthe
Rondelles de lime

1 Dans une petite casserole, préparer un sirop simple en chauffant le sucre et 1 tasse d'eau à feu moyen jusqu'à ce que le sucre soit complètement dissous. 2 Ajouter les feuilles de menthe et laisser refroidir 10 min. 3 Dans un grand bol, verser le sirop simple en prenant soin de retirer les feuilles de menthe. 4 Ajouter les 5 tasses d'eau restantes, le coulis de framboises et le jus de lime. Bien mélanger. 5 Passer la limonade dans un tamis fin au-dessus d'un grand pichet afin d'en retirer la pulpe. Réfrigérer. 6 Décorer avec des bouquets de menthe et quelques rondelles de lime. Servir avec des glaçons.

limonade rose

2 LITRES

1 tasse de sucre
1 + 4 tasses d'eau
1 tasse de jus de canneberge
  non sucré
1 tasse de jus de citron
  (4 ou 5 citrons)
Quelques canneberges
  congelées

1 Dans une petite casserole, préparer un sirop simple en chauffant le sucre et 1 tasse d'eau à feu moyen jusqu'à ce que le sucre soit complètement dissous. Laisser tiédir. 2 Dans un grand pichet, verser le sirop simple, les 4 tasses d'eau restantes, le jus de canneberge et le jus de citron, préalablement passé au tamis afin d'en retirer la pulpe. Mélanger et réfrigérer. 3 Décorer avec les canneberges congelées et servir avec des glaçons. Vive l'été !

biscuits intenses
choco-pacanes

20 BISCUITS

¾ tasse de beurre non salé

2 tasses (12 oz) de chocolat noir
 à 70 % de cacao, en morceaux

½ tasse de farine tout usage

½ c. à thé de sel

½ c. à thé de poudre à pâte

3 œufs

1 tasse de sucre

1 c. à thé d'extrait de vanille

2 tasses (12 oz) de pépites
 de chocolat mi-sucré à 64 % de cacao

½ tasse de noix de coco râpée

½ tasse de pacanes, hachées

1 Placer la grille au centre du four préchauffé à 350 °F. Tapisser deux plaques à biscuits de papier parchemin. 2 Faire fondre le beurre et le chocolat noir au micro-ondes environ 60 sec. Brasser jusqu'à ce que la préparation soit homogène. Réserver. 3 Dans un petit bol, mélanger la farine, le sel et la poudre à pâte. Réserver. 4 Dans un grand bol, battre les œufs, le sucre et la vanille 3 min au batteur électrique jusqu'à ce que la préparation soit pâle et épaisse. 5 Incorporer le mélange de chocolat fondu et bien brasser. 6 Ajouter le mélange de farine, les pépites, la noix de coco et les pacanes avec une spatule. Placer le bol au réfrigérateur 25 min pour raffermir la pâte. 7 Diviser la pâte en deux. Mettre chaque portion sur une pellicule plastique. Former deux rouleaux de 2 po de diamètre et de 8 po de long. Emballer et réfrigérer 1 h 30. 8 Trancher la pâte en rondelles de ¾ po d'épaisseur et déposer sur les plaques. Laisser un espace de 2 po entre les biscuits. 9 Cuire une plaque à la fois 12 à 13 min. 10 Laisser refroidir complètement sur les plaques.

biscuits à la mélasse de Margaux

20 GROS BISCUITS

5 ½ tasses de farine tout usage
2 c. à thé de poudre à pâte
1 c. à thé de bicarbonate de soude
2 c. à thé de gingembre moulu
½ c. à thé de muscade moulue
1 tasse de graisse végétale
1 tasse de sucre
1 tasse de mélasse
1 tasse d'eau

1 Placer la grille au centre du four préchauffé à 375 °F. Tapisser deux plaques à biscuits de papier parchemin. 2 Dans un bol, mélanger la farine, la poudre à pâte, le bicarbonate, le gingembre et la muscade. Réserver. 3 Dans un grand bol, crémer la graisse végétale et le sucre 3 min au batteur électrique. 4 Incorporer la mélasse et bien brasser. 5 Ajouter les ingrédients secs en trois fois, en alternant avec l'eau. Bien mélanger entre chaque addition. Utiliser une spatule quand la pâte devient trop épaisse. 6 Laisser reposer la pâte à biscuits 1 h au réfrigérateur. 7 Abaisser la pâte à ½ po d'épaisseur sur une surface lisse et enfarinée. 8 Découper avec des emporte-pièce et recommencer avec l'excédent de pâte. Décorer. 9 Déposer sur les plaques en laissant un espace de 3 po entre les biscuits. Cuire 13 min. 10 Laisser refroidir les biscuits 3 min sur les plaques avant de les déposer sur une grille.

GOUGOUNES COLLÉES
ET BRAS CASSÉ

Katrine prend sa collaboration avec l'hôpital Sainte-Justine très au sérieux.

Que croyez-vous qu'elle avait envie de faire à la fin du Kiosque de limonade 2008, les deux pieds collés dans ses gougounes après une journée très chaude ?

Prendre une douche ? Sauter dans une piscine ? Pas du tout ! Elle a voulu connaître la qualité des soins de son hôpital préféré.

Juste au moment où on terminait de tout remballer, un grand cri a retenti au parc. Margaux, sa fille aînée, venait de se casser un bras en tombant d'un arbre. Sans tarder, Katrine et Guylain ont fait une place à la petite, entre les pots, les pancartes et les glacières, et se sont dirigés aux urgences. Quand l'infirmière du triage a demandé à Margaux ce qu'elle faisait quand elle est tombée, celle-ci a répondu : « Nous ramassions des sous pour l'hôpital Sainte-Justine. » Comme d'habitude, tout le personnel a été épatant, et peut-être encore plus souriant après avoir entendu la petite histoire de Margaux. À une heure du matin, elle a été opérée pour sa mauvaise fracture. Katrine était là, auprès de sa fille, fatiguée, inquiète, mais plus convaincue que jamais de l'utilité du Kiosque de limonade !

biscuits à l'avoine au *dulce de leche*

10 BISCUITS DOUBLES

1 ¼ tasse de farine tout usage

1 tasse de flocons d'avoine
 à cuisson rapide

½ c. à thé de bicarbonate de soude

1 c. à thé de poudre à pâte

½ c. à thé de sel

10 c. à soupe de beurre non salé,
 à la température ambiante

¾ tasse de cassonade, bien tassée

1 œuf

1 c. à thé d'extrait de vanille

1 tasse de *dulce de leche* du commerce

1 Placer la grille au centre du four préchauffé à 350 °F. Tapisser deux plaques à biscuits de papier parchemin. 2 Dans un bol, mélanger la farine, les flocons d'avoine, le bicarbonate, la poudre à pâte et le sel. Réserver. 3 Dans un autre bol, crémer le beurre et la cassonade 3 min au batteur électrique. 4 Ajouter l'œuf et la vanille et battre jusqu'à ce que la préparation soit homogène. 5 Incorporer les ingrédients secs et mélanger avec une cuillère de bois. 6 Emballer la pâte dans une pellicule plastique et former un rouleau de 2 po de diamètre. Réfrigérer 1 h. 7 Trancher en 20 rondelles de ¼ po d'épaisseur. Déposer sur les plaques en laissant un espace de 2 po entre les biscuits. 8 Cuire une plaque à la fois 15 min ou jusqu'à ce que les biscuits soient légèrement dorés. 9 Laisser refroidir les biscuits sur les plaques avant de les déposer sur une grille. 10 Déposer 1 c. à soupe de *dulce de leche* sur la moitié des biscuits refroidis et recouvrir avec les biscuits restants.

biscuits aux deux chocolats

20 BISCUITS

2 tasses de farine tout usage

1 tasse de gros flocons d'avoine

1 c. à thé de bicarbonate de soude

½ c. à thé de sel

2 c. à thé de fécule de maïs

1 tasse de beurre non salé,
 à la température ambiante

1 tasse de cassonade, bien tassée

¼ tasse de sucre

1 c. à thé d'extrait de vanille

2 œufs

1 tasse de pépites de chocolat blanc

1 tasse de pépites de chocolat
 mi-sucré à 64 % de cacao

1 Placer la grille au centre du four préchauffé à 375 °F. Tapisser deux plaques à biscuits de papier parchemin. 2 Dans un bol, mélanger la farine, les flocons d'avoine, le bicarbonate, le sel et la fécule de maïs. Réserver. 3 Dans un grand bol, crémer le beurre, la cassonade, le sucre et la vanille 2 min au batteur électrique. 4 Ajouter les œufs et battre encore 1 min. 5 Incorporer les ingrédients secs et les pépites de chocolat. Réfrigérer la pâte à biscuits 30 min. 6 Déposer la pâte par cuillerées à soupe bien remplies sur les plaques en laissant un espace de 2 po entre les biscuits. Ne pas écraser la pâte : elle prendra sa forme en cuisant. 7 Cuire une plaque à la fois 9 à 10 min. Les biscuits seront encore très mous au centre. C'est ce qu'on veut ! 8 Laisser refroidir les biscuits sur les plaques 3 min avant de les déposer sur une grille.

biscuits Rolo

20 BISCUITS

20 Rolo, congelés (pour décorer)
2 tasses de farine tout usage
1 c. à thé de bicarbonate de soude
½ c. à thé de sel
¾ tasse de beurre non salé,
   à la température ambiante

½ tasse de cassonade, bien tassée
½ tasse de sucre
1 c. à thé d'extrait de vanille
1 œuf + 1 jaune
1 tasse de pépites de chocolat mi-sucré
   à 64% de cacao

1 Congeler les Rolo au moins 2 h : ils garderont ainsi leur forme à la cuisson. 2 Placer la grille au centre du four préchauffé à 350 °F. Tapisser deux plaques à biscuits de papier parchemin. 3 Dans un bol, mélanger la farine, le bicarbonate et le sel. Réserver. 4 Dans un grand bol, crémer le beurre, la cassonade, le sucre et la vanille 2 min au batteur électrique. 5 Ajouter l'œuf et le jaune, puis battre encore 1 min. 6 Incorporer les ingrédients secs en deux fois. Ajouter les pépites de chocolat et bien mélanger. 7 Réfrigérer la pâte 1 h. 8 Former des boules grosses comme des balles de golf et les déposer sur les plaques en laissant un espace de 2 po entre les biscuits. 9 Enfoncer 1 Rolo au centre de chaque biscuit. Réfrigérer 15 min. 10 Cuire une plaque à la fois 12 à 14 min. 11 Laisser refroidir les biscuits 3 min sur les plaques avant de les déposer sur une grille.

biscuits « étoiles filantes »

18 À 20 BISCUITS

¾ tasse de beurre non salé,
 à la température ambiante
¾ tasse de sucre
1 œuf
1 c. à thé de zeste de citron
2 tasses de farine tout usage
½ c. à thé de sel

GLAÇAGE AU CITRON
1 tasse de sucre à glacer
1 ½ c. à soupe de jus de citron

RÉFRIGÉREZ LES BISCUITS DÉCOUPÉS À L'EMPORTE-PIÈCE AVANT DE LES CUIRE. ILS GARDERONT UNE FORME PLUS NETTE.

1 Placer la grille au centre du four préchauffé à 325 °F. Tapisser deux plaques à biscuits de papier parchemin. 2 Dans un bol, crémer le beurre et le sucre 3 min au batteur électrique. 3 Incorporer l'œuf et le zeste. Bien mélanger. 4 Ajouter la farine et le sel en deux fois. Mélanger jusqu'à l'obtention d'une pâte homogène. 5 Séparer la pâte en deux, former deux disques et les emballer dans une pellicule plastique. Réfrigérer 1 h 30. 6 Sur une surface enfarinée, abaisser chaque disque pour obtenir une pâte de ¼ po d'épaisseur. 7 Découper la pâte avec un emporte-pièce en forme d'étoile et recommencer avec l'excédent de pâte. Déposer sur les plaques en laissant un espace de 2 po entre les biscuits. Réfrigérer 10 min avant la cuisson. 8 Cuire une plaque à la fois 12 à 15 min ou jusqu'à ce que les côtés soient légèrement dorés. 9 Laisser refroidir complètement sur les plaques.

GLAÇAGE AU CITRON

1 Mélanger au fouet le sucre à glacer et le jus de citron jusqu'à ce que le glaçage soit lisse. 2 Tremper le dessus des biscuits refroidis dans le glaçage et laisser égoutter avant de les déposer sur une grille. Ce glaçage sèche très rapidement et il reste brillant, comme les étoiles !

biscuits *peace and love* chocolat noir et griottes

14 GROS BISCUITS

1 tasse de farine tout usage
¾ tasse de cacao
½ c. à thé de bicarbonate de soude
¼ c. à thé de poudre à pâte
½ c. à thé de sel
½ c. à thé de cannelle
½ tasse de beurre non salé,
  à la température ambiante
½ tasse de cassonade, bien tassée

½ tasse de sucre
1 œuf
½ c. à thé d'extrait de vanille
¾ tasse de chocolat noir à 70 %
  de cacao, en morceaux
½ tasse de griottes séchées
  (peuvent être remplacées
  par des canneberges séchées)

1 Placer la grille au centre du four préchauffé à 350 °F. Tapisser deux plaques à biscuits de papier parchemin. 2 Dans un bol, mélanger la farine, le cacao, le bicarbonate, la poudre à pâte, le sel et la cannelle. Réserver. 3 Dans un autre bol, crémer le beurre, la cassonade et le sucre 3 min au batteur électrique. 4 Ajouter l'œuf et la vanille, puis battre jusqu'à ce que la préparation soit homogène. 5 Incorporer les ingrédients secs en trois fois, en mélangeant à basse vitesse. 6 Ajouter délicatement le chocolat et les griottes à l'aide d'une cuillère de bois. 7 Emballer la pâte dans une pellicule plastique et former un rouleau d'environ 10 po de long. Réfrigérer 1 h. 8 Trancher en rondelles de ¾ po d'épaisseur. Déposer sur les plaques en laissant un espace de 2 po entre les biscuits. 9 Cuire une plaque à la fois 15 min. 10 Laisser refroidir les biscuits 3 min sur les plaques avant de les déposer sur une grille.

ISABELLE

Le Kiosque de limonade nous donne la chance de rencontrer des spécimens humains extraordinaires! Sweet Isabelle en est un. Isabelle a décidé d'organiser sa vie autour de sa passion : la cuisine. Elle rassemble petits et grands dans son atelier, blanc comme son tablier, et offre son temps, ses conseils et sa bonne humeur sans compter.

Lors du dixième Kiosque, Isabelle a répondu à la foule d'enfants prêts à décorer un sablé sur sa petite table improvisée. Les cent biscuits qu'elle avait préparés sont sortis du parc colorés et enrubannés, dans les mains d'enfants souriants. L'atelier de Sweet Isabelle et les pourboires récoltés à sa boutique pendant tout le mois de juin ont rapporté beaucoup à l'hôpital Sainte-Justine. C'est une donnée considérable dans le grand livre des comptes, mais ce qui importe vraiment pour tous ceux qui connaissent Isabelle, c'est l'énergie qu'elle communique, qui fait croire aux projets les plus fous!

sablés classiques
de Sweet Isabelle

30 GROS SABLÉS

2 tasses de beurre non salé,
  à la température ambiante
¾ tasse de sucre
1 ½ c. à soupe d'extrait de vanille
  de Madagascar
5 ¼ tasses de farine tout usage

GLAÇAGE ROYAL

1 blanc d'œuf
1 ½ tasse de sucre en poudre, tamisé
Quelques gouttes de jus de citron
1 c. à thé d'eau

LAISSEZ ALLER
VOTRE CRÉATIVITÉ:
UN SABLÉ ROND
PEUT DEVENIR
UN BONHOMME SOURIRE,
UN SOLEIL, UN BALLON
DE SOCCER OU UNE BOULE
DE BILLARD…
À VOUS DE JOUER!

1 Placer la grille au centre du four préchauffé à 325°F. Tapisser deux plaques à biscuits de papier parchemin. 2 Dans un bol, crémer le beurre et le sucre 3 min au batteur électrique jusqu'à l'obtention d'une consistance mousseuse. 3 Ajouter la vanille et mélanger à nouveau. 4 Verser la farine d'un coup et mélanger doucement. 5 Rouler la pâte entre deux pellicules de plastique ou deux feuilles de papier parchemin et l'abaisser à une épaisseur de ⅜ po. Réfrigérer 30 à 45 min. 6 Découper des formes avec des emporte-pièce ou un verre. Recommencer avec l'excédent de pâte. Déposer les sablés sur les plaques à pâtisserie. 7 Cuire 40 à 50 min ou jusqu'à ce qu'ils blondissent. Laisser refroidir sur la plaque avant de manipuler.

GLAÇAGE ROYAL

1 Mélanger les ingrédients au batteur électrique jusqu'à l'obtention d'une préparation homogène. Continuer de battre environ 5 min à vitesse moyenne. Pour obtenir la consistance désirée, ajouter soit un peu plus de sucre, soit un peu plus d'eau. 2 Laisser les sablés refroidir, puis décorer de ce glaçage royal.

muffins aux griottes et aux amandes

**12 MUFFINS RÉGULIERS
OU 8 GROS MUFFINS**

1 ½ tasse de farine tout usage
½ tasse de poudre d'amandes
¾ tasse de sucre
2 c. à thé de poudre à pâte
¼ c. à thé de sel
½ tasse de beurre non salé,
  fondu et tempéré
3 œufs
½ tasse de babeurre
1 c. à thé d'essence d'amandes
2 tasses de griottes en pot,
  bien égouttées

GARNITURE

2 c. à soupe de sucre
½ tasse d'amandes, en morceaux
¼ c. à thé de muscade moulue

1 Placer la grille au centre du four préchauffé à 375 °F. Insérer des caissettes en papier dans un moule à muffins. 2 Dans un bol, mélanger la farine, la poudre d'amandes, le sucre, la poudre à pâte et le sel. Réserver. 3 Dans un autre bol, fouetter le beurre fondu, les œufs, le babeurre et l'essence d'amandes. 4 Verser les ingrédients liquides sur les ingrédients secs d'un seul coup et mélanger délicatement. 5 Incorporer les griottes sans trop brasser. 6 Répartir le mélange dans les caissettes. Les remplir juste un peu plus qu'aux trois quarts. 7 Mélanger les ingrédients de la garniture et saupoudrer sur les muffins. 8 Cuire 25 à 30 min, selon la grosseur des moules choisis.

FRANCINE

Francine est jardinière. Elle se porte toujours volontaire pour goûter aux recettes de Katrine !

Une année, elle décide de donner un coup de main au Kiosque. Francine est une force de la nature, ce n'est pas pour rien que mère Nature lui a donné le pouce vert ! Elle se lance donc dans la production de limonade et le transport des glacières. Après une heure de mise en place au parc, elle est enfin prête pour la vente. Francine n'a pas le temps d'enlever ses bottes de travail que, déjà, elle est emportée par le tourbillon. À dix-neuf heures, la déesse des plates-bandes est transformée, rose et collée de la casquette au tablier : un vrai baptême sucré !

Il faut croire qu'elle a quand même apprécié l'aventure, puisqu'elle revient chaque année !

muffins aux bananes et pépites d'Anny

14 MUFFINS

2 tasses de farine tout usage
¼ c. à thé de bicarbonate
  de soude
2 c. à thé de poudre à pâte
¼ c. à thé de sel
½ tasse de lait
1 œuf
½ tasse de beurre non salé,
  fondu
2 bananes, en purée
1 ½ tasse de pépites de chocolat

LORSQUE LES FILLES DE KATRINE ÉTAIENT PETITES, ANNY VENAIT PARFOIS LES GARDER QUELQUES HEURES. ELLE EST TELLEMENT GENTILLE QU'ELLE A FINI PAR GARDER NON SEULEMENT MARGAUX ET SARAH… MAIS AUSSI KATRINE ! ELLES ÉCHANGEAIENT ALORS QUELQUES PHRASES EN ESPAGNOL ET… DES RECETTES !

1 Placer la grille au centre du four préchauffé à 375°F. Insérer des caissettes en papier dans un moule à muffins. 2 Dans un grand bol, mélanger la farine, le bicarbonate, la poudre à pâte et le sel. Former un puits au centre de la préparation. 3 Dans un autre bol, fouetter le lait, l'œuf, le beurre fondu et les bananes. 4 Verser d'un seul coup les ingrédients liquides sur les ingrédients secs. Brasser légèrement à la fourchette. Ajouter les pépites de chocolat. 5 Répartir dans les caissettes. 6 Cuire 20 à 25 min ou jusqu'à ce qu'un cure-dent inséré au centre d'un muffin en ressorte propre.

muffins
chocomania

12 MUFFINS

2 tasses de farine tout usage
½ c. à thé de bicarbonate de soude
½ c. à thé de sel
½ tasse de beurre non salé froid,
 en morceaux
1 tasse de babeurre
2 gros œufs + 1 jaune

½ tasse de sucre
1 c. à thé d'extrait de vanille
½ tasse de pacanes, hachées
 + ⅓ tasse (pour garnir)
¼ tasse de pépites de chocolat mi-sucré
¼ tasse de pépites de chocolat blanc

1 Placer la grille au centre du four préchauffé à 400 °F. Insérer des caissettes en papier dans un moule à muffins. 2 Dans un grand bol, mélanger la farine, le bicarbonate et le sel. Sabler les ingrédients secs et le beurre avec un coupe-pâte pour obtenir une texture grumeleuse. Réserver. 3 Dans un autre bol, fouetter le babeurre, les œufs, le jaune, le sucre et la vanille. 4 Verser la préparation liquide dans le mélange de farine et beurre. Ajouter les pacanes et les pépites de chocolat en brassant délicatement. 5 Remplir les caissettes aux trois quarts et garnir le dessus des muffins avec le reste des pacanes hachées. 6 Cuire environ 25 min ou jusqu'à ce qu'un cure-dent inséré au milieu d'un muffin en ressorte propre.

muffins bleuets, mûres et muesli

12 MUFFINS

½ tasse de céréales muesli
½ tasse de lait
1 tasse de farine tout usage
½ tasse de farine de blé entier
½ c. à thé de sel
2 c. à thé de poudre à pâte
½ c. à thé de muscade moulue

⅓ tasse de beurre
 non salé, fondu
2 œufs
½ tasse de yogourt nature
½ tasse de sirop d'érable
½ tasse de bleuets frais
½ tasse de mûres fraîches

1 Faire tremper les céréales muesli dans le lait pendant 15 min. Réserver. **2** Placer la grille au centre du four préchauffé à 400 °F. Insérer des caissettes en papier dans un moule à muffins. **3** Dans un bol, mélanger les deux farines, le sel, la poudre à pâte et la muscade. Réserver. **4** Dans un autre bol, fouetter le beurre fondu, les œufs, le yogourt et le sirop d'érable. Incorporer le tout au mélange de céréales muesli et de lait. **5** Ajouter les ingrédients secs sans trop brasser. Incorporer les bleuets et les mûres en mélangeant doucement. **6** Répartir la préparation dans les caissettes et cuire 20 à 25 min.

VALÉRIE

C'est la première partenaire du Kiosque de limonade. En compagnie de Félixe et Marine, ses deux filles, elle était aux commandes de la fameuse brouette du premier Kiosque.

Valérie est une fille pleine d'énergie, souriante et enthousiaste, qui a toujours trouvé une façon de s'impliquer, même lorsqu'elle a déménagé. Depuis cinq ans, elle est de retour dans le quartier, et ça fait du bien! L'organisation, c'est inscrit dans son ADN! Elle a d'ailleurs embrigadé toute sa famille dans la préparation du Kiosque de limonade en leur confiant différentes tâches. Certains n'ont pas eu peur de se salir les mains! Tout est dans la manière de présenter le travail, comme en témoigne ce courriel:

Chère Valérie,
C'est avec plaisir et fierté que j'accepte le poste de récupérateur
en chef pour le Kiosque de limonade.
Ton papa adoré

Voilà un message révélateur. Depuis ce jour, le père de Valérie s'occupe de garder le parc propre. En fait, il est le grand responsable… des poubelles! Valérie est vraiment irrésistible: même un politicien à la retraite n'y a vu que du feu lorsqu'elle lui a offert de «gérer les résidus non comestibles» du Kiosque!

Dans cette section, vous trouverez
des desserts qui sont particulièrement beaux.
Même le Jell-O et les carrés aux Rice Krispies
ont sorti leurs tenues de soirée !

IL FAUT QUE ÇA SOIT BEAU !

Les stars du Kiosque

Si l'initiative du premier Kiosque a été spontanée, son organisation, en revanche, a été une autre histoire ! Katrine avait en tête quelque chose de précis, un kiosque mignon aperçu dans une revue de Martha Stewart. Elle voulait s'en inspirer... parce que, avec elle, il faut que ça soit beau ! C'est sa devise ! Avant de sortir la brouette de limonade, les petites et les grandes ont pris la peine de la rendre colorée et festive, avec pancartes et ballons.

« Il faut que ça soit beau ! », c'est la signature qui rend le Kiosque de limonade si accueillant depuis dix ans. De la couleur des nappes à la présentation des gâteaux, chaque détail est pensé pour le plaisir des yeux et des papilles ! Martha serait fière d'avoir servi d'exemple au premier Kiosque et elle pourrait, à son tour, s'en inspirer...

pouding
au chocolat maison

6 VERRES OU VERRINES

½ tasse de sucre

2 ½ c. à soupe de fécule de maïs

3 c. à soupe de cacao

¼ c. à thé de sel

2 tasses de lait

⅓ tasse de crème 35 %

3 jaunes d'œufs

⅔ tasse (4 oz) de pépites de chocolat
    mi-sucré à 64 % de cacao

1 c. à soupe de beurre non salé,
    à la température ambiante

1 c. à thé d'extrait de vanille

1 Dans une casserole moyenne, tamiser le sucre, la fécule de maïs, le cacao et le sel. 2 Incorporer le lait, la crème et les jaunes d'œufs au fouet. Bien brasser. 3 Chauffer à feu moyen 8 à 10 min en remuant sans arrêt jusqu'à ce que la préparation commence à bouillir et à épaissir. 4 Retirer du feu. Ajouter les pépites, le beurre et la vanille. Brasser jusqu'à ce que le chocolat soit fondu. 5 Verser dans un bol et couvrir la surface d'une pellicule plastique. Laisser reposer 20 min sur le comptoir. 6 Réfrigérer et brasser occasionnellement. 7 Répartir le pouding refroidi dans les verrines. Décorer au goût.

43

trio de Jell-O

10 VERRES OU VERRINES

**3 grosses boîtes de Jell-O
aux saveurs assorties**

1 Préparer une saveur de Jell-O selon les instructions écrites sur la boîte. Répartir dans 10 verres ou verrines. Réfrigérer 1 h. 2 Faire de même pour la deuxième saveur : s'assurer que la première couche est bien prise avant de verser la deuxième. Réfrigérer 1 h. 3 Répéter avec la troisième saveur : s'assurer que la deuxième couche est bien prise avant de verser la troisième. Réfrigérer 1 h.

PAS TRÈS COMPLIQUÉ,
ET TRÈS JOLI !
SUCCÈS GARANTI
AUPRÈS DES PETITS !

panna cotta au lait de coco et aux framboises

6 VERRES OU VERRINES

**1 sachet de 7 g de gélatine
¼ tasse d'eau froide
1 boîte de 400 ml de lait de coco
½ tasse de sucre
1 gousse de vanille
2 tasses de yogourt nature
de type méditerranéen
Coulis de framboises (recette p. 76)
Morceaux de mangue (pour décorer)**

1 Dans un petit bol, faire gonfler la gélatine dans l'eau froide. Laisser reposer 5 min. 2 Dans une casserole, mélanger le lait de coco et le sucre. 3 Fendre la gousse de vanille dans le sens de la longueur, retirer les graines et les incorporer avec la gousse au mélange de lait de coco. 4 Chauffer à feu moyen sans laisser bouillir jusqu'à ce que la préparation soit fumante. 5 Ajouter la gélatine et brasser jusqu'à ce qu'elle soit complètement fondue. 6 Retirer du feu et passer le mélange dans un tamis fin pour enlever la gousse et ses particules. 7 Incorporer le yogourt nature et bien mélanger. 8 Répartir dans les verrines. Réfrigérer 4 h. 9 Verser le coulis sur la panna cotta et décorer avec des petits morceaux de mangue.

44

LES LANTERNES CHINOISES

Chaque année, Paul, le voisin de Katrine, se lève très tôt pour installer la grande tente et des pancartes. Cet universitaire assez réservé aime la tranquillité du petit matin pour offrir son coup de main. À grands coups de masse, il plante les pancartes aux quatre coins du parc. Ça, c'est le travail simple. Après vient l'installation des lanternes chinoises dans les arbres. En équilibre précaire, il suit les directives du chef des opérations, Katrine de son petit nom :

— Un peu plus à gauche… non, un peu plus à droite… oui, là ! Là, c'est beau !

— Euh… ici ?

— Attends… la rouge avant la bleue.

La position de chaque lanterne est savamment étudiée par Katrine. Guylain, son amoureux, et Paul montent et descendent sans rouspéter jusqu'à ce que la disposition parfaite soit enfin trouvée. Malgré le coefficient de difficulté, Paul reste fidèle au poste, puisque cette expérience lui a permis d'apprécier davantage son travail d'astrophysicien. En effet, il enseigne maintenant à ses étudiants que la position des astres suit une logique beaucoup plus simple que celle des lanternes chinoises !

pyramide
kric-krac-krouc

8 CARRÉS
(prévoir 4 fois ces ingrédients
pour faire la pyramide)

¼ tasse de beurre

6 tasses de guimauves
miniatures

1 c. à thé d'extrait de vanille

Quelques gouttes de colorant
alimentaire en gel Wilton
(couleurs au choix)

6 tasses de céréales
Rice Krispies

VOUS POUVEZ
AUSSI PRÉPARER
LA PYRAMIDE EN UTLISANT
D'AUTRES CÉRÉALES
(COCOA PUFFS, FRUIT
LOOPS, CORN POPS),
SANS AJOUTER
DE COLORANT.

1 Beurrer abondamment un moule de 10 × 10 po et de 3 po de profondeur. Tapisser le fond de papier parchemin en le laissant dépasser de chaque côté. 2 Faire fondre le beurre et les guimauves au micro-ondes 1 min. Brasser et chauffer encore 1 min. 3 Incorporer la vanille, le colorant et brasser jusqu'à ce que le mélange soit homogène. 4 Ajouter les Rice Krispies et remuer jusqu'à ce que les céréales soient bien enrobées. 5 Presser le mélange fermement dans le moule à l'aide d'une spatule enduite de beurre. 6 Faire une deuxième fois la recette pour bien remplir le moule et obtenir ainsi de gros carrés. 7 Réfrigérer 45 min. 8 Démouler et couper en 16 carrés. Placer dans une grande assiette pour former la base de la pyramide. 9 Tapisser le moule d'un nouveau papier parchemin, puis faire la recette une troisième et une quatrième fois pour bien remplir le moule. Réfrigérer 45 min. Démouler et couper en 16 carrés. 10 Déposer 9 carrés sur la base. Placer 4 autres morceaux sur les 9 carrés. Terminer la pyramide en déposant un dernier carré sur le dessus. Manger les deux morceaux qui restent! Effet spectaculaire garanti!

barres Nanaïmo façon Kiosque

12 BARRES

PREMIÈRE COUCHE

½ tasse de beurre
  non salé
1 tasse (6 oz) de chocolat
  noir à 70 % de cacao,
  en morceaux
⅓ tasse de sucre
1 œuf + 1 jaune
2 tasses de chapelure
  de biscuits Graham
1 ½ tasse de noix
  de coco râpée
1 tasse de pacanes, hachées

DEUXIÈME COUCHE

250 g de fromage
  à la crème, à la
  température ambiante
½ tasse de sucre
1 c. à thé d'extrait
  de vanille
2 œufs + 2 jaunes
1 c. à soupe
  de farine tout usage

TROISIÈME COUCHE

4 c. à soupe
  de beurre non salé
1 tasse (6 oz)
  de chocolat mi-sucré
  à 64 % de cacao

PREMIÈRE COUCHE

1 Placer la grille au centre du four préchauffé à 350 °F. Beurrer un moule de 8 × 8 po. Tapisser le fond de papier parchemin en le laissant dépasser de chaque côté. 2 Faire fondre le beurre, le chocolat et le sucre au micro-ondes 40 à 60 sec. Brasser jusqu'à ce que la préparation soit homogène. Laisser tiédir. 3 Ajouter l'œuf et le jaune au chocolat tiède. 4 Incorporer la chapelure, la noix de coco, les pacanes et bien mélanger. 5 Étendre le mélange dans le moule et presser fermement pour égaliser la surface. 6 Cuire 10 min. Laisser refroidir sur une grille.

DEUXIÈME COUCHE

1 Baisser la température du four à 325 °F. 2 Battre le fromage à la crème, le sucre et la vanille 5 min au batteur électrique à vitesse élevée jusqu'à l'obtention d'une consistance légère. Il ne doit pas rester de grumeaux. 3 À basse vitesse, ajouter les œufs et les jaunes un à un, puis incorporer la farine doucement. 4 Verser la préparation sur la première couche refroidie et cuire 40 à 45 min. 5 Laisser refroidir sur une grille. Au besoin, mettre au congélateur quelques minutes afin d'accélérer le refroidissement.

TROISIÈME COUCHE

1 Faire fondre le beurre et le chocolat au micro-ondes 40 à 60 sec. Mélanger jusqu'à ce que le chocolat soit complètement fondu. 2 Verser la préparation sur la deuxième couche refroidie. Réfrigérer 2 h avant de démouler. Couper en 12 barres.

mini-cheesecakes au chocolat

12 À 14
MINI-CHEESECAKES

1 ½ tasse de chapelure
de biscuits Graham

5 c. à soupe de beurre
non salé, fondu

3 c. à soupe de sucre

1 c. à thé
de gingembre moulu

GARNITURE

1 tasse (6 oz) de chocolat
noir à 70 % de cacao, haché

500 g de fromage à la crème,
à la température ambiante

¾ tasse de sucre

1 pincée de sel

1 c. à thé d'extrait de vanille

2 gros œufs, à la
température ambiante

GLAÇAGE

1 contenant de 225 g
de mascarpone, à la
température ambiante

1 tasse de sucre à glacer

½ c. à thé d'extrait de vanille

1 Placer la grille au centre du four préchauffé à 320 °F. Déposer un plat d'eau chaude sur la grille du bas (l'humidité permettra une cuisson plus uniforme). Déposer des caissettes en papier dans un moule à muffins. 2 Mélanger la chapelure, le beurre fondu, le sucre et le gingembre. 3 Presser fermement 2 c. à soupe de cette préparation dans le fond de chaque caissette en utilisant le dos d'une cuillère à mesurer. Réserver.

GARNITURE

1 Faire fondre le chocolat au micro-ondes environ 30 sec. Continuer de chauffer par intervalles de 20 sec jusqu'à ce que le chocolat soit complètement fondu. Réserver. 2 Dans un grand bol, battre le fromage à la crème au batteur électrique à vitesse moyenne-élevée jusqu'à l'obtention d'une consistance légère. Il ne doit pas rester de grumeaux. 3 Incorporer à basse vitesse le sucre, le sel et la vanille jusqu'à ce que la préparation soit homogène. 4 Ajouter les œufs un à un, en mélangeant juste assez pour lier les ingrédients sans incorporer trop d'air. 5 Verser le chocolat fondu et remuer doucement. 6 Remplir les caissettes du mélange de fromage presque à ras bord. 7 Cuire 22 à 25 min, en effectuant une rotation des moules à mi-cuisson. Il est normal que le centre des gâteaux ne soit pas totalement cuit ; la réfrigération leur donnera une consistance uniforme. 8 Laisser refroidir complètement sur une grille.

GLAÇAGE

1 Dans un bol, mélanger le mascarpone, le sucre à glacer et la vanille au batteur électrique jusqu'à l'obtention d'une consistance homogène. 2 Verser le glaçage dans une poche à pâtisserie munie d'une douille cannelée et décorer les mini-cheesecakes. Réfrigérer dans les moules, à découvert, au moins 5 h.

SARAH EST
ꓷOUJOURS PRÊTE!

Sarah, la fille de Katrine, a toujours baigné dans l'atmosphère du Kiosque de limonade. Très tôt, elle a voulu y mettre son grain de sel et trouver sa manière d'amasser des sous pour l'hôpital Sainte-Justine.

À quatre ans, elle a vendu aux voisins toutes les fleurs du jardin en disant que c'était pour Sainte-Justine.

À cinq ans, Sarah s'est installée devant la maison pour créer son propre kiosque avec un étalage de boîtes de jus et de barres tendres. Achalandage : un passant en une heure et demie… Dur pour le moral !

À six ans, elle a proposé d'organiser un circuit de petites voitures électriques pour le Kiosque de limonade. Son meilleur argument pour convaincre ses parents : «Grand-papa a dit qu'il est prêt à m'aider !»

Grand-papa avait bien donné son accord, mais il ne savait pas que gérer un petit circuit Gilles-Villeneuve, c'était du sport ! Il a dû tirer, pousser, courir, organiser la file et s'époumoner pendant que Sarah, fidèle à son habitude, suivait son propre circuit… la dégustation de petits gâteaux !

mini-cheesecakes « cœurs à la framboise »

12 À 14 MINI-CHEESECAKES

1 ½ tasse de chapelure
de biscuits Graham

5 c. à soupe de beurre
non salé, fondu

3 c. à soupe de sucre

COULIS DE FRAMBOISES

1 tasse de framboises

1 ½ c. à soupe de sucre

GARNITURE

500 g de fromage
à la crème, à la
température ambiante

¾ tasse de sucre

1 pincée de sel

1 c. à thé d'extrait de vanille

2 gros œufs, à la
température ambiante

1 Placer la grille au centre du four préchauffé à 320 °F. Déposer un plat d'eau chaude sur la grille du bas (l'humidité permettra une cuisson plus uniforme). Déposer des caissettes en papier dans un moule à muffins. 2 Mélanger la chapelure, le beurre et les 3 c. à soupe de sucre. 3 Presser fermement 2 c. à soupe de ce mélange dans le fond de chaque caissette. Utiliser le dos d'une cuillère à mesurer : ça fonctionne très bien ! Réserver.

COULIS DE FRAMBOISES

1 Réduire les framboises en purée avec un mélangeur. 2 Tamiser la purée pour en retirer les pépins. 3 Ajouter 1 ½ c. à soupe de sucre au coulis de framboises. Réserver.

GARNITURE

1 Dans un grand bol, battre le fromage à la crème au batteur électrique à vitesse moyenne-élevée jusqu'à l'obtention d'une consistance légère. Il ne doit pas rester de grumeaux. 2 Incorporer le sucre, le sel et la vanille à basse vitesse jusqu'à ce que la préparation soit homogène. 3 Ajouter les œufs un à un, en mélangeant juste assez pour lier les ingrédients sans incorporer trop d'air. 4 Remplir les caissettes presque à ras bord. 5 Avec une petite cuillère, déposer sur le mélange 6 gouttes de coulis en formant un cercle, puis 1 goutte au centre. Passer un cure-dent, en partant du haut de chaque goutte et en descendant vers le bas de façon continue, de manière à former des cœurs. 6 Cuire 22 à 25 min, en effectuant une rotation des moules à mi-cuisson. Les gâteaux seront gonflés et légèrement dorés sur les côtés. Il est normal que leur centre ne soit pas totalement cuit ; la réfrigération leur donnera une consistance uniforme. 7 Laisser refroidir complètement sur une grille sans démouler. Réfrigérer dans les moules à découvert 5 h ou congeler directement.

brownies noir et blanc

12 BROWNIES

PÂTE AU CHOCOLAT

1 ⅓ tasse de farine tout usage

⅓ tasse de cacao, tamisé

¼ c. à thé de sel

1 tasse de beurre non salé,
 coupé en morceaux

1 ½ tasse (9 oz) de chocolat
 mi-sucré à 64 % de cacao

1 ¼ tasse de sucre

4 œufs

PÂTE AU FROMAGE À LA CRÈME

250 g de fromage
 à la crème, à la température
 ambiante

½ tasse de sucre

2 gros œufs

1 c. à thé d'extrait de vanille

1 c. à soupe de farine tout usage

PÂTE AU CHOCOLAT

1 Placer la grille au centre du four préchauffé à 350°F. Beurrer un moule de 8 × 8 po. Tapisser le fond de papier parchemin en le laissant dépasser de chaque côté. 2 Dans un bol, mélanger la farine, le cacao et le sel. Réserver. 3 Dans un grand bol, faire fondre le beurre et le chocolat environ 1 min au micro-ondes et mélanger. 4 Ajouter à cette préparation le sucre, les œufs et bien mélanger au fouet. 5 Incorporer délicatement les ingrédients secs pour obtenir une préparation lisse. Verser dans le moule et réserver.

PÂTE AU FROMAGE À LA CRÈME

1 Dans un autre bol, battre le fromage à la crème, le sucre, les œufs, la vanille et la farine au batteur électrique jusqu'à l'obtention d'un mélange homogène. Verser le mélange de fromage à la crème sur la préparation au chocolat. 2 À l'aide d'une cuillère, ramener un peu de mélange au chocolat par-dessus la pâte au fromage à la crème à plusieurs endroits. Passer ensuite un couteau à travers la pâte pour créer un effet marbré. 3 Cuire 50 à 55 min ou jusqu'à ce qu'un cure-dent inséré dans un coin du brownie en ressorte avec quelques miettes humides. Le centre du brownie ne sera pas totalement cuit, mais la réfrigération lui donnera sa texture de fudge. 4 Laisser refroidir complètement sur une grille et réfrigérer environ 3 h avant de démouler. Couper en 12 carrés.

carrés à la lime et à la noix de coco

20 CARRÉS

1 tasse de beurre non salé,
  à la température ambiante
½ tasse de sucre
1 c. à thé d'extrait de vanille
2 tasses de farine tout usage
2 tasses de noix de coco
  râpée sucrée

GARNITURE

12 jaunes d'œufs
600 ml de lait condensé
  sucré régulier
1 ½ tasse de jus de lime frais
  (10 à 12 limes)
Le zeste de 1 lime

AVANT CHAQUE COUPE, TREMPEZ LA LAME DE VOTRE COUTEAU DANS DE L'EAU TRÈS CHAUDE, PUIS ESSUYEZ L'EXCÉDENT D'EAU. VOUS AUREZ AINSI DE BEAUX CARRÉS PARFAITS !

55

1 Placer la grille au centre du four préchauffé à 350°F. Beurrer un moule de 9 × 13 po. Tapisser le fond de papier parchemin en le laissant dépasser de chaque côté. 2 Dans un bol, crémer le beurre, le sucre et la vanille 3 min au batteur électrique. 3 Incorporer la farine et la noix de coco. 4 Étendre le mélange dans le moule et presser fermement pour égaliser la surface. 5 Cuire 15 min et laisser refroidir sur une grille. Réserver.

GARNITURE

1 Augmenter la température du four à 375°F. 2 Dans un grand bol, mélanger tous les ingrédients de la garniture au batteur électrique jusqu'à ce que la préparation soit homogène. 3 Verser sur la base refroidie et cuire environ 35 min. La garniture doit être prise sur les côtés mais encore tremblotante au milieu. 4 Laisser refroidir complètement sur une grille et réfrigérer 3 h avant de démouler. Couper en 20 carrés.

cupcakes à la vanille,
ganache au chocolat blanc

20 CUPCAKES

2 ½ tasses de farine tout usage

1 c. à soupe de poudre à pâte

½ c. à thé de sel

¾ tasse de beurre non salé,
  à la température ambiante

1 ¾ tasse de sucre

3 œufs

2 c. à thé d'extrait de vanille

1 ¼ tasse de crème sure

GANACHE AU CHOCOLAT BLANC

1 ⅓ tasse (8 oz) de
  chocolat blanc, haché

⅓ tasse de crème sure

Quelques gouttes de colorant
  alimentaire en gel Wilton (facultatif)

LES CUPCAKES GLACÉS
AVEC LA GANACHE
SE CONGÈLENT
TRÈS BIEN. UTILISEZ
DES CAISSETTES COLORÉES:
C'EST TELLEMENT BEAU!

1 Placer la grille au centre du four préchauffé à 350°F. Insérer des caissettes de papier dans un moule à muffins. 2 Dans un bol, mélanger la farine, la poudre à pâte et le sel. Réserver. 3 Crémer le beurre et le sucre 3 min au batteur électrique. 4 Ajouter les œufs un à un en battant entre chaque addition, puis incorporer la vanille. 5 Mélanger les ingrédients secs aux ingrédients liquides en trois fois, en alternant avec la crème sure. 6 Répartir le mélange dans les caissettes. 7 Cuire 20 à 25 min ou jusqu'à ce qu'un cure-dent inséré dans un cupcake en ressorte propre. Laisser refroidir sur une grille.

GANACHE AU CHOCOLAT BLANC

1 Faire fondre le chocolat blanc au micro-ondes, par intervalles de 30 sec. 2 Laisser tiédir avant d'y incorporer la crème sure et le colorant. Bien mélanger et laisser refroidir au réfrigérateur 3 min. 3 Étendre la ganache sur les cupcakes avec un couteau. Décorer.

Voici des recettes de gâteaux et de petits pots qui se congèlent bien et qui, une fois enrubannés, s'offrent facilement et égayent les jours gris.

AU SECOURS, ON MANQUE DE PLACE !

Pains, cakes et douceurs à verser

Le Kiosque continue de grandir. Les mamans proposent sans cesse de nouvelles idées : vendre des cartes de hockey, faire des manucures et, pourquoi pas, organiser un atelier de décoration de cupcakes. Il faut s'y prendre de plus en plus tôt pour prévoir le nombre de tables et de tentes nécessaires, et pour préparer tous les petits gâteaux et autres sucreries.

Katrine multiplie donc les séances de cuisine pour combler la foule de gourmands qui gonfle à vue d'œil. Elle adopte le rythme de deux recettes par jour, coupées, emballées et congelées. Tout va bien jusqu'au jour où son congélateur déborde. Qu'à cela ne tienne, un deuxième congélateur entre en scène. L'année suivante, l'histoire se répète, et un troisième appareil est installé dans le garage. L'année d'après… Non ! Le quatrième congélateur n'a jamais posé ses glaçons dans la maison. Cette fois, la dépense n'est pas passée inaperçue dans la section « divers » du budget familial ! Commence alors un autre genre de sollicitation : celle visant à trouver des places dans les congélateurs du voisinage !

mini-cakes au chocolat de Mamie Clafoutis

8 À 10 MINI-CAKES

CRÈME AU CHOCOLAT

⅓ tasse de lait
½ tasse de crème 35 %
¼ tasse de sucre
1 ⅓ tasse (8 oz) de chocolat noir
   à 70 % de cacao, haché
2 œufs

MINI-CAKES

2 tasses de farine tout usage
¼ c. à thé de bicarbonate de soude
¼ c. à thé de sel
4 œufs
2 tasses de sucre
1 c. à thé d'extrait de vanille
2 tasses de beurre non salé, fondu
   et tempéré

CRÈME AU CHOCOLAT

1 Dans une casserole, amener le lait, la crème et le sucre à ébullition. Verser sur le chocolat et attendre 2 min avant de brasser. Mélanger la préparation au fouet jusqu'à ce que le chocolat ait bien fondu. 2 Incorporer les œufs. Bien mélanger et réfrigérer au moins 2 h.

MINI-CAKES

1 Placer la grille au centre du four préchauffé à 350 °F. Insérer des caissettes en papier dans un moule pour gros muffins. 2 Dans un bol, mélanger la farine, le bicarbonate et le sel. Réserver. 3 Blanchir les œufs et le sucre 3 min au batteur électrique. Ajouter la vanille et le beurre fondu, puis battre encore 1 min. 4 Ajouter les ingrédients secs et mélanger jusqu'à l'obtention d'une consistance homogène. 5 Répartir le mélange dans les caissettes. Remplir à moitié afin de laisser de l'espace pour la crème au chocolat. Réserver.

ASSEMBLAGE

1 À l'aide d'une poche à pâtisserie, répartir la crème au chocolat au centre de chaque cake. 2 Cuire 25 min ou jusqu'à ce qu'un cure-dent inséré dans un cake ressorte propre. Laisser refroidir complètement sur une grille avant de déguster.

pouding au pain extra-moelleux chocolat et bananes

10 PORTIONS

2 tasses (12 oz) de chocolat mi-sucré
  à 64 % de cacao, haché
2 tasses de crème 35 %
1 tasse de babeurre
1 tasse de sucre

1 c. à thé de cannelle
4 gros œufs + 2 jaunes
9 tasses de mie de pain, en cubes de 1 po
  (utiliser 1 ½ pain belge de la veille)
2 bananes, en petits cubes

1 Placer la grille au centre du four préchauffé à 350 °F. Beurrer un moule de 8 × 8 po. Tapisser le fond de papier parchemin en le laissant dépasser de chaque côté. 2 Déposer le chocolat dans un grand bol. Réserver. 3 Dans une casserole, chauffer la crème et le babeurre jusqu'à ébullition. Retirer aussitôt et verser sur le chocolat. Laisser reposer 2 min avant de brasser au fouet. 4 Ajouter le sucre et la cannelle. Bien mélanger et laisser tiédir. 5 Ajouter les œufs et les jaunes. Brasser. 6 Incorporer les cubes de pain et les morceaux de banane en les enfonçant dans la préparation de chocolat. Laisser reposer 10 min. 7 Verser le mélange dans le moule et cuire environ 1 h 15 ou jusqu'à ce que les côtés du pouding soient bien gonflés et que le centre soit sec au toucher. Laisser tiédir avant de démouler. Couper en carrés.

SUCRERIES
CHERCHENT CONGÉLATEURS

Le jour où Claude a logé une douzaine de muffins sans domicile fixe dans un coin de son congélateur, elle pensait avoir fait sa part. Elle avait oublié que ses enfants supportaient mal de savoir des desserts en mauvaise posture.

Olivier et Alexa ont commencé par passer chez Katrine après l'école pour prendre livraison des recettes du jour et remplir chaque centimètre cube du congélateur familial. Par la suite, en faisant du porte à porte, ils ont réussi à trouver des concessions de congélation chez d'autres voisins. Ils ont été tellement efficaces que Katrine n'a plus eu d'autre choix que de respecter son objectif de deux recettes par jour. Plus de petite pause! Olivier et Alexa étaient devenus, sans le savoir, responsables du respect des quotas de production. Grâce à eux, les congélateurs du voisinage étaient bien garnis, et les plateaux du Kiosque aussi!

cake bleuets et citron de Chantal

8 PORTIONS

1 ½ tasse de farine tout usage
1 ½ c. à thé de poudre à pâte
¼ c. à thé de sel
6 c. à soupe de beurre non salé,
  à la température ambiante
¾ tasse de sucre
2 gros œufs
1 c. à thé d'extrait de vanille
½ tasse de yogourt nature
Le zeste de 1 citron
1 tasse de bleuets frais

SIROP AU CITRON

Le jus de 1 citron
¼ tasse de sucre

CHANTAL ET SES DEUX FILLES, ANNE-SOPHIE ET EMMANUELLE, PARTICIPENT DEPUIS DE NOMBREUSES ANNÉES AU KIOSQUE DE LIMONADE. LA RÉPUTATION DU CAKE DE CHANTAL N'EST PLUS À FAIRE, ELLE REÇOIT MÊME DES APPELS DE VOISINS QUI VEULENT RÉSERVER LE LEUR ! AVIS AUX INTÉRESSÉS : CHANTAL NE PRODUIT QUE POUR LE KIOSQUE ET, BIEN SÛR, POUR SA FAMILLE !

1 Placer la grille au centre du four préchauffé à 350 °F. Beurrer et enfariner un moule à pain de 10 × 5 po. 2 Dans un bol, mélanger la farine, la poudre à pâte et le sel. Réserver. 3 Dans un autre bol, crémer le beurre et le sucre 3 min au batteur électrique. 4 Ajouter les œufs un à un, en battant entre chaque addition. 5 Incorporer la vanille, le yogourt et le zeste. Bien mélanger. 6 Incorporer les ingrédients secs et mélanger avec une spatule jusqu'à ce que la préparation soit homogène. 7 Ajouter les bleuets délicatement et verser le mélange dans le moule. 8 Cuire 1 h 05 ou jusqu'à ce qu'un cure-dent inséré au centre du gâteau en ressorte propre. Laisser refroidir 10 min sur une grille.

SIROP AU CITRON

1 Mélanger le jus de citron et le sucre dans un petit bol. Cuire au micro-ondes 50 sec. 2 Piquer le dessus du gâteau encore chaud avec une fourchette. Verser le sirop sur le gâteau.

pain bananes, framboises et chocolat blanc

8 PORTIONS

2 tasses de farine tout usage
¾ c. à thé de bicarbonate de soude
1 c. à thé de poudre à pâte
½ c. à thé de sel
½ tasse de beurre non salé,
à la température ambiante
⅔ tasse de sucre
2 gros œufs + 1 jaune
2 grosses bananes, en purée
⅓ tasse de yogourt nature
½ c. à thé d'extrait de vanille
½ tasse de noix de coco râpée
1 ⅓ tasse de framboises fraîches
ou légèrement décongelées
1 tasse (6 oz) de chocolat blanc,
en morceaux

UTILISEZ DES PETITS MOULES
EN CARTON DE 6 × 3 PO
ET EMBALLEZ VOS PAINS
AVEC UN JOLI PAPIER
TRANSPARENT ET DU RAPHIA:
VOUS OBTIENDREZ DE BEAUX
ET BONS CADEAUX À OFFRIR!
N'OUBLIEZ PAS DE RÉDUIRE
LE TEMPS DE CUISSON À 45 MIN.

GLAÇAGE AU CHOCOLAT BLANC
½ tasse (3 oz) de chocolat blanc,
en morceaux

1 Placer la grille au centre du four préchauffé à 350°F. 2 Beurrer un moule à pain de 10 × 5 po. Tapisser le fond de papier parchemin en le laissant dépasser de chaque côté. 3 Dans un bol, mélanger la farine, le bicarbonate, la poudre à pâte et le sel. Réserver. 4 Dans un autre bol, crémer le beurre et le sucre 3 min au batteur électrique. 5 Ajouter les œufs et le jaune un à un, en battant entre chaque addition. 6 Ajouter les bananes, le yogourt, la vanille et la noix de coco. Bien mélanger. À basse vitesse, incorporer les ingrédients secs sans trop brasser. Incorporer délicatement les framboises et le chocolat blanc avec une spatule. Verser le mélange dans le moule. Remplir aux trois quarts. 7 Cuire 1 h 10 ou jusqu'à ce qu'un cure-dent inséré au centre du pain en ressorte propre.

GLAÇAGE AU CHOCOLAT BLANC

1 Faire fondre le chocolat blanc au micro-ondes, par intervalles de 20 sec, en mélangeant chaque fois. 2 Tremper une petite cuillère dans le chocolat et le laisser couler sur le dessus du pain refroidi, en formant de grands « S ». Pour faire figer le chocolat, mettre le pain quelques minutes au réfrigérateur ou au congélateur.

cake bananes, bleuets
et noix de coco glacé à la lime

8 PORTIONS

2 tasses de farine tout usage

1 c. à thé de bicarbonate de soude

1 ½ c. à thé de poudre à pâte

½ c. à thé de sel

½ tasse de beurre non salé,
 à la température ambiante

1 tasse de sucre

2 gros œufs + 1 jaune

2 bananes, en purée

½ tasse de crème sure

1 c. à thé d'extrait de vanille

3 c. à soupe de rhum brun

Le zeste de 1 lime

½ tasse de noix de coco râpée
 + 2 c. à soupe (pour saupoudrer)

1 ¼ tasse de bleuets frais ou congelés,
 mélangés à 1 c. à soupe de farine
 (pour éviter que le mélange
 devienne bleu)

SIROP À LA LIME

½ tasse de sucre à glacer

2 c. à soupe de jus de lime frais

1 Placer la grille au centre du four préchauffé à 350 °F. Beurrer et enfariner un moule à pain de 10 × 5 po. 2 Dans un bol, mélanger la farine, le bicarbonate et le sel. Réserver. 3 Dans un autre bol, crémer le beurre et le sucre 3 min au batteur électrique. 4 Ajouter les œufs et le jaune un à un, en battant entre chaque addition. 5 Ajouter les bananes, la crème sure, la vanille, le rhum, le zeste de lime et la noix de coco. 6 Incorporer délicatement les ingrédients secs sans trop mélanger, puis ajouter les bleuets. 7 Verser la préparation dans le moule et saupoudrer de 2 c. à soupe de noix de coco. 8 Cuire environ 1 h 15 ou jusqu'à ce qu'un cure-dent inséré au centre du cake en ressorte propre. Laisser refroidir 10 min sur une grille avant de démouler.

SIROP À LA LIME

Mélanger le sucre à glacer et le jus de lime au fouet. Verser sur le cake encore chaud.

cake orange, amandes et canneberges

8 PORTIONS

1 tasse de farine tout usage
¾ tasse de poudre d'amandes
2 c. à thé de poudre à pâte
½ c. à thé de sel
¾ tasse de beurre non salé,
  à la température ambiante
¾ tasse de sucre
3 gros œufs
½ tasse de crème sure
Le zeste de 2 oranges
Le jus de 1 orange
1 ½ tasse de canneberges fraîches

⌐POUR CE CAKE, VOUS POUVEZ RÉPARTIR LE MÉLANGE DANS DES PETITS MOULES DE 6 × 3 PO. LE TEMPS DE CUISSON SERA ALORS DE 40 À 45 MIN. CADEAU RÉUSSI GARANTI !

SIROP À L'ORANGE

½ tasse de sucre à glacer
3 c. à soupe de jus d'orange frais

1 Placer la grille au centre du four préchauffé à 350 °F. Beurrer un moule à pain de 10 × 5 po. Tapisser le fond de papier parchemin en le laissant dépasser de chaque côté. 2 Dans un bol, mélanger la farine, la poudre d'amandes, la poudre à pâte et le sel. Réserver. 3 Dans un autre bol, crémer le beurre et le sucre 4 min au batteur électrique. 4 Ajouter les œufs un à un, en battant entre chaque addition. 5 Ajouter la crème sure, le zeste et le jus d'orange. Bien mélanger. 6 Incorporer les ingrédients secs et les canneberges. Mélanger délicatement avec une spatule jusqu'à ce que la préparation soit homogène. 7 Verser le mélange dans le moule et cuire 50 à 55 min ou jusqu'à ce qu'un cure-dent inséré au centre du cake en ressorte propre. 8 Laisser refroidir 10 min sur une grille avant de démouler.

SIROP À L'ORANGE

Mélanger le sucre et le jus d'orange avec un fouet. Verser sur le gâteau encore chaud.

pain aux zucchinis extravagant

8 PORTIONS

2 tasses de farine tout usage

1 c. à thé de bicarbonate de soude

1 ½ c. à thé de poudre à pâte

1 c. à thé de sel

½ c. à thé de cannelle

½ c. à thé de muscade

½ tasse de beurre non salé,
 à la température ambiante

1 tasse de sucre

4 œufs

1 c. à thé d'extrait de vanille

¾ tasse de zucchinis verts, râpés
 (utiliser une râpe à gros trous)

APRÈS UNE BOUCHÉE,
L'EXTRAVAGANCE DE CE PAIN
VOUS CHATOUILLERA
LES PAPILLES !

¾ tasse de zucchinis jaunes, râpés
 (utiliser une râpe à gros trous)

1 tasse de chocolat Toblerone noir,
 haché grossièrement

½ tasse de pistaches non salées

125 g de fromage à la crème froid,
 en petits cubes mélangés
 à 1 c. à soupe de farine

1 Placer la grille au centre du four préchauffé à 350 °F. Beurrer un moule à pain de 10 × 5 po. Tapisser le fond de papier parchemin en le laissant dépasser de chaque côté. 2 Dans un bol, mélanger la farine, le bicarbonate, la poudre à pâte, le sel, la cannelle et la muscade. Réserver. 3 Dans un autre bol, crémer le beurre et le sucre 3 min au batteur électrique. 4 Ajouter les œufs un à un, en battant entre chaque addition. Ajouter la vanille. 5 Incorporer délicatement les ingrédients secs. 6 Ajouter les zucchinis râpés et mélanger. 7 Incorporer le chocolat, les pistaches et le fromage à la crème. 8 Verser la pâte dans le moule et cuire environ 1 h 05 ou jusqu'à ce qu'un cure-dent inséré au centre du pain en ressorte propre. 9 Laisser tiédir sur une grille avant de démouler.

gâteau bananes, orange et pistaches

8 PORTIONS

2 tasses de farine tout usage

1 c. à thé de bicarbonate de soude

1 c. à thé de poudre à pâte

½ c. à thé de sel

½ tasse de beurre non salé,
à la température ambiante

1 tasse de sucre

2 œufs + 1 jaune

3 bananes, en purée

½ tasse de yogourt nature

2 c. à soupe de jus d'orange

1 c. à soupe de zeste d'orange
(environ 1 orange)

½ tasse de pistaches non salées,
hachées grossièrement

POUR UN AIR DE FÊTE, FAITES CUIRE LE GÂTEAU DANS UN MOULE À CHEMINÉE. N'OUBLIEZ PAS DE RÉDUIRE LE TEMPS DE CUISSON À 45 MIN.

GLAÇAGE ORANGE ET MASCARPONE

1 contenant de 225 g de mascarpone

2 c. à soupe de beurre non salé,
à la température ambiante

¾ tasse de sucre à glacer

Le zeste de 1 orange

2 c. à soupe de jus d'orange frais

3 c. à soupe de pistaches non salées,
hachées grossièrement

1 Placer la grille au centre du four préchauffé à 350 °F. Beurrer et enfariner un moule à pain de 10 × 5 po. 2 Dans un bol, mélanger la farine, le bicarbonate, la poudre à pâte et le sel. 3 Dans un autre bol, crémer le beurre et le sucre 3 min au batteur électrique. 4 Ajouter les œufs et le jaune un à un, en battant entre chaque addition. 5 Ajouter les bananes, le yogourt, le jus et le zeste d'orange. 6 Incorporer délicatement les ingrédients secs et les pistaches. 7 Verser la préparation dans le moule et cuire 55 à 60 min. Laisser refroidir sur une grille avant de démouler.

GLAÇAGE ORANGE ET MASCARPONE

1 Mélanger tous les ingrédients au batteur électrique. Ajuster la texture au goût en rectifiant la quantité de jus d'orange. 2 Étendre le glaçage sur le gâteau refroidi et parsemer de pistaches hachées.

DES TENTES PARASOLS ET PARAPLUIES!

Si la météo est toujours un facteur de risque à prendre en considération dans l'organisation du Kiosque, la chance est généralement du côté des gourmands. Bien sûr, au fil des années, il a fallu s'équiper. Pour commencer, la mère de Katrine a déniché des tentes accordéons qui s'installent rapido. Des abris à petits gâteaux! Pourtant, même avec ces superbes tentes, il est impossible de tout prévoir. En 2007, Miss Météo était en état d'alerte: ses écrans radars devenus rouge Jell-O aux cerises annonçaient la possibilité d'une mauvaise surprise... une tornade! Lors de l'annonce du déluge imminent, parents, enfants et amis étaient déjà au parc en train d'installer tables, limonade et gâteaux. À quatorze heures trente, le ciel est devenu gris, très gris, puis subitement tout noir. L'alerte a été donnée: vite, tout le monde aux abris! Ou plutôt, tous les gâteaux à l'abri!

À toute vitesse, les plateaux de sucreries ont été entassés sous les tables. Le déluge est tombé et, comme l'arche de Noé, les plateaux se sont mis à flotter... Mais un petit miracle s'est produit cet après-midi-là: la pluie a cessé d'un coup et le soleil est revenu après cinq petites minutes d'orage. Bilan: aucune perte!

caramel à la fleur de sel de Marie-Josée

¾ tasse de crème 35 %
1 tasse de sucre
2 c. à soupe d'eau
¼ tasse de beurre non salé froid,
 coupé en dés
½ c. à thé de fleur de sel

Le caramel à la fleur de sel de Marie-Josée a servi de carburant lors des réunions de l'équipe pour l'organisation du dixième anniversaire du kiosque. Sucré, onctueux et juste assez salé, ce caramel accompagne parfaitement les mini-cheesecakes à la lime (p. 107)! Miam!

1 Porter la crème à ébullition au micro-ondes environ 45 sec. Réserver. Mettre le sucre et l'eau dans une petite casserole. Sans brasser, faire colorer le mélange à feu élevé jusqu'à ce qu'il soit ambré (de la couleur d'une bière rousse). Retirer du feu. **2** Ajouter le beurre en dés et remuer avec une cuillère de bois. **3** Verser la crème chaude dans le caramel en brassant. Attention aux éclaboussures! Porter le tout à ébullition et laisser frémir 2 à 3 min ou jusqu'à ce que le mélange soit homogène. **4** Ajouter la fleur de sel. Retirer du feu et mettre en pot. Laisser refroidir à la température ambiante, puis conserver au réfrigérateur.

compote rhubarbe
et fraises

4 tasses de rhubarbe, en cubes
2 tasses de fraises, coupées en deux
⅓ tasse de sucre
½ c. à thé de cannelle

1 Mettre tous les ingrédients dans une casserole. 2 Amener à ébullition et laisser mijoter à feu doux 10 min. 3 Laisser refroidir et passer au mélangeur à main. 4 Mettre dans de jolis pots qui vont au congélateur.

coulis
de framboises

2 tasses de framboises
2 c. à soupe de sirop d'érable
1 c. à soupe de jus de lime

1 Réduire les framboises en purée au mélangeur. 2 Passer dans un tamis fin pour en retirer les graines. 3 Ajouter le sirop d'érable, le jus de lime et mélanger. 4 Mettre dans de jolis pots qui vont au congélateur.

LA MÊME RECETTE EST TOUT
AUSSI DÉLICIEUSE AVEC
DES FRAISES. CE COULIS
SERT DANS LA RECETTE
DE LIMONADE ROUGE (P. 18)
ET COMME GARNITURE
DE LA PANNA COTTA (P. 44),
ET IL PEUT AUSSI ACCOMPAGNER
LE YOGOURT. FINALEMENT,
C'EST BON AVEC TOUT!

Les recettes suivantes sont la base du Kiosque de limonade. Une fois qu'elles ont été préparées, on peut affirmer : «On est presque prêts!» Elles se cuisinent d'avance, se congèlent et ne sont pas trop fragiles, donc elles sont faciles à transporter. Ce sont des recettes délicieuses pour un souper de famille où tous apportent quelque chose. Quand il y a plus de gourmands que prévu, on coupe des barres minces; sinon, on fait comme au Kiosque : de vrais carrés généreux!

ŒNFIN, ON EST PRÊTS !

Barres et carrés

À l'automne 2010, le Kiosque de limonade s'était presque déguisé en mauvais rêve, et ce n'était pas pour fêter l'Halloween ! Comment faire pour augmenter le nombre de recettes avec une productrice en chef qui venait d'emménager dans un petit appartement doté d'un seul congélateur ? On dit que la nécessité est mère de l'invention…

Valérie, Marie-Josée et Annick, l'amie d'enfance de Katrine, l'ont rejointe dans sa petite cuisine et, autour de la table, elles ont lancé des idées en dégustant un dessert. Leur première constatation : le Kiosque devait trouver d'autres commanditaires et… d'autres cuisinières ! Les réunions du comité organisateur se sont succédé et ont porté leurs fruits. Le jour où l'idée de faire une journée de cuisine communautaire s'est concrétisée, les filles se sont surnommées le *Dream team*. Chacune s'est activée de son côté pour trouver les recettes, les ingrédients, les emballages et les cuisinières (sans oublier les deux cuisiniers !). Il ne manquait que les fameux congélateurs…

Les places dans les congélateurs du quartier étaient déjà réservées à pleine capacité. Pendant plusieurs semaines, la seule solution possible semblait être le déménagement du « monstre », un énorme congélateur qui dormait au chalet du père de Valérie en Estrie, jusqu'au garage de Marie-Josée. Malgré le petit chemin en pente entre deux bancs de neige qu'il fallait emprunter pour entrer dans le fameux garage, Valérie et son oncle Jean étaient prêts. En fait, le *Dream team* aurait sans hésiter pelleté le sentier au complet pour que le stock de desserts puisse être congelé. Finalement, les pelles n'ont pas été nécessaires, ni le camion, ni les gros muscles de Jean. Un membre de la famille de Marie-Josée avait réussi, après quelques appels, à trouver une place dans un entrepôt de congélation pour le Kiosque de limonade : un congélateur géant, un rêve !

Là, l'équipe était plus que prête !

brownies espresso

12 BROWNIES

¾ tasse de beurre non salé,
  en morceaux
⅔ tasse (4 oz) de chocolat mi-sucré
  à 64 % de cacao, en morceaux
⅔ tasse (4 oz) de chocolat noir
  à 70 % de cacao, en morceaux
1 c. à thé d'extrait de vanille
3 c. à soupe de café espresso
  liquide très fort
⅔ tasse de farine tout usage
¼ tasse de cacao, tamisé
½ c. à thé de sel
¼ c. à thé de poudre à pâte
3 gros œufs + 1 jaune
1 tasse de sucre
1 tasse de pacanes entières

LES BROWNIES CUISENT PLUS RAPIDEMENT DANS UN MOULE EN MÉTAL QUE DANS UN MOULE EN PYREX; VÉRIFIEZ TOUJOURS LA CUISSON APRÈS 20 MIN. POUR UN BROWNIE EXTRA ADULTE, REMPLACER LE CAFÉ PAR 3 C. À SOUPE DE BAILEYS.

1 Placer la grille au centre du four préchauffé à 350 °F. Beurrer un moule de 8 × 8 po. Tapisser le fond de papier parchemin en le laissant dépasser de chaque côté. 2 Faire fondre le beurre et les morceaux de chocolat au micro-ondes 50 à 60 sec. Bien mélanger. 3 Ajouter la vanille et le café. Brasser et laisser tiédir. 4 Dans un bol, mélanger la farine, le cacao, le sel et la poudre à pâte. Réserver. 5 Blanchir les œufs, le jaune et le sucre 4 min au batteur électrique. La préparation doit devenir épaisse et d'un jaune très pâle. 6 Ajouter le chocolat refroidi aux œufs blanchis. 7 Incorporer délicatement les ingrédients secs avec une spatule. 8 Répartir le mélange dans le moule. Déposer les pacanes sur le dessus, en rangées. 9 Cuire environ 28 min ou jusqu'à ce qu'un cure-dent inséré dans un coin du brownie en ressorte avec quelques miettes humides. Le centre du brownie ne sera pas totalement cuit, mais la réfrigération lui donnera sa texture de fudge. Laisser refroidir sur une grille et réfrigérer 3 h. Couper en 12 carrés.

carrés au citron

20 CARRÉS

1 ¾ tasse de farine tout usage
¾ tasse de sucre à glacer
½ c. à thé de sel
½ tasse de beurre non salé froid,
  en cubes
125 g de fromage à la crème froid,
  en cubes

GARNITURE

6 œufs
1 ⅓ tasse de sucre
2 c. à soupe de farine tout usage
Le zeste de 2 citrons
⅓ tasse de crème 35 %
¾ tasse de jus de citron frais
  (environ 4 citrons)
Bleuets (pour décorer)

1 Placer la grille au centre du four préchauffé à 350 °F. Beurrer un moule de 9 × 13 po. Tapisser le fond de papier parchemin en le laissant dépasser de chaque côté. 2 Dans un bol, mélanger la farine, le sucre à glacer et le sel. 3 Ajouter les cubes de beurre et de fromage à la crème. Sabler le mélange avec un coupe-pâte ou avec les doigts pour obtenir une texture grumeleuse. 4 Étendre dans le moule et presser fermement pour égaliser la surface. 5 Cuire 18 min.

GARNITURE

1 Baisser la température du four à 325 °F. 2 Dans un grand bol, battre tous les ingrédients de la garniture au batteur électrique. 3 Verser sur la base et cuire 30 min ou jusqu'à ce que la garniture soit prise sur les côtés mais tremblotante au milieu. 4 Laisser refroidir complètement sur une grille, puis réfrigérer 3 h avant de démouler. 5 Couper en carrés et décorer de bleuets.

carrés magiques
sucrés-salés

12 CARRÉS

¾ tasse de beurre non salé, fondu
¾ tasse de chapelure de biscuits Graham
1 tasse de bretzels salés, émiettés
1 tasse de pacanes, hachées
½ tasse de pépites de chocolat mi-sucré
  à 64 % de cacao

½ tasse de pépites de chocolat blanc
1 ½ tasse de noix de coco sucrée râpée
300 ml de lait condensé sucré régulier

1 Placer la grille au centre du four préchauffé à 350 °F. Beurrer un moule de 8 × 8 po. Tapisser le fond de papier parchemin en le laissant dépasser de chaque côté. 2 Dans un bol, mélanger le beurre, la chapelure et les bretzels. Presser la préparation dans le fond du moule. 3 Couvrir cette base avec les pacanes, les deux sortes de pépites de chocolat et la noix de coco. 4 Verser le lait condensé uniformément sur la noix de coco. 5 Cuire 25 min ou jusqu'à ce que la noix de coco soit légèrement dorée. Laisser refroidir complètement. Réfrigérer 1 h avant de démouler. Couper en 12 carrés.

carrés fraises et framboises

16 CARRÉS

GARNITURE

6 tasses de fraises fraîches, tranchées

⅓ tasse de sucre (ou ½ tasse si les fruits sont très acides)

2 c. à soupe de fécule de maïs

3 tasses de framboises fraîches

CROUSTILLANT À L'AVOINE

3 tasses de gros flocons d'avoine

2 ½ tasses de farine tout usage

2 ½ tasses de noix de coco râpée

1 c. à thé de cannelle

½ c. à thé de sel

1 ½ tasse de cassonade, bien tassée

1 ½ tasse de beurre non salé, à la température ambiante

GARNITURE

1 Dans une casserole, amener les fraises, le sucre et la fécule de maïs à ébullition en remuant. 2 Laisser mijoter quelques minutes à feu très doux. 3 Retirer du feu et ajouter les framboises. Mélanger le tout et laisser tiédir.

CROUSTILLANT À L'AVOINE

1 Placer la grille au centre du four préchauffé à 350°F. Beurrer un moule de 9 × 13 po. Tapisser le fond de papier parchemin en le laissant dépasser de chaque côté. 2 Dans un grand bol, mélanger tous les ingrédients, en incorporant bien les ingrédients secs au beurre. Travailler avec les mains, c'est plus facile. 3 Étendre la moitié du croustillant dans le moule et presser pour égaliser la surface. 4 Étaler la garniture aux fruits. Parsemer du reste de croustillant et presser délicatement. 5 Cuire 45 min. 6 Laisser refroidir complètement sur une grille. Réfrigérer quelques heures avant de démouler. Couper en 16 carrés.

« ON POPOTE
POUR LE KIOSQUE ! »

C'est l'invitation que plusieurs amis du Kiosque ont reçue lorsque l'Académie Culinaire a accepté de prêter son plus grand local pour réaliser une cuisine communautaire. Vingt-cinq personnes ont répondu à l'appel par un mardi du mois d'avril.

Tout était réglé au quart de tour : les recettes avaient été choisies et doublées, Farinex avait accepté de fournir les ingrédients, qui avaient été répartis entre les douze équipes de travail. La station d'emballage était prête, sans oublier les crayons-feutres pour confectionner les affichettes.

Dès neuf heures, tout le monde s'est activé jusqu'à la petite pause pour le dîner : sandwichs et salades pour tous ! C'était une belle surprise d'un ami qui ne pouvait être présent. Il a donné un coup de fil au dépanneur Le Pick Up afin de faire livrer des munitions pour permettre à l'équipe de cuisiner le ventre plein.

À la fin de la journée, 1 440 sucreries étaient ficelées et entassées dans quelques voitures, prêtes pour le grand voyage vers l'entrepôt Congébec de Montréal-Nord. Vers dix-neuf heures, assises autour d'une pizza, les organisatrices étaient joyeuses et… fatiguées. C'est sans prendre de dessert qu'elles se sont quittées. Une odeur sucrée flottait encore autour de la table, ça sentait le beurre, la vanille, le chocolat : une odeur de Kiosque de limonade !

barres
noix de coco-macadam

12 BARRES

½ tasse de beurre non salé, fondu
¼ tasse de sucre
1 œuf
1¾ tasse de chapelure
 de biscuits Graham
¼ c. à thé de sel
¾ tasse de noix de macadam, hachées
1 tasse de noix de coco sucrée râpée

GARNITURE

300 ml de lait condensé
 sucré régulier
⅔ tasse de lait de coco
2 tasses de noix de coco
 sucrée râpée
2 tasses de noix de coco
 non sucrée râpée

1 Placer la grille au centre du four préchauffé à 350 °F. Beurrer un moule de 8 × 8 po. Tapisser le fond de papier parchemin en le laissant dépasser de chaque côté. 2 Dans un bol, mélanger tous les ingrédients. 3 Étendre la préparation dans le moule et presser fermement pour égaliser la surface. 4 Cuire 10 min. Laisser refroidir sur une grille.

GARNITURE

1 Dans une casserole, amener à ébullition le lait condensé et le lait de coco. Baisser le feu et laisser mijoter 10 min en brassant continuellement. 2 Ajouter la noix de coco sucrée et non sucrée. 3 Retirer du feu et laisser refroidir 20 min avant d'étendre sur la base. Réfrigérer 2 h avant de couper en 12 barres.

Les G.O.
GENTILS ORGANISATEURS
OU GOURMANDS ORGANISÉS ?

Depuis les débuts du Kiosque de limonade, les enfants sont rois. C'est probablement ce qui leur donne la liberté de proposer toutes sortes d'idées pour rendre la fête plus amusante et, surtout, pour amasser encore plus d'argent. Même à quatre ans, les petits G.O. trouvent une place pour vendre des gâteaux, du pop-corn ou des cartes de hockey tout en ayant le grand privilège de goûter aux nombreux desserts.

Leur aide est inestimable, toutefois il a bien fallu l'estimer un jour ! Ce jour est arrivé lorsque leur nombre a menacé de dépasser celui des visiteurs. Le dilemme était de taille : manquer de petits gâteaux ou réduire le salaire de ces précieux bénévoles à une portion et risquer ainsi de les perdre. Encore une fois, ce fut une découverte extraordinaire : les G.O. sont plus gentils que gourmands ! Même avec une seule part de gâteau, leur nombre continue d'augmenter d'année en année !

carrés choco-fudge
à l'avoine

20 CARRÉS

2 ½ tasses de farine tout usage

1 c. à thé de bicarbonate de soude

1 c. à thé de sel

1 c. à thé de cannelle

1 ¼ tasse de beurre non salé, à la température ambiante

1 ½ tasse de cassonade

2 gros œufs

3 tasses de flocons d'avoine

GARNITURE CHOCO-FUDGE

2 tasses de pacanes, hachées grossièrement

3 tasses (18 oz) de chocolat mi-sucré à 64 % de cacao

3 c. à soupe de beurre non salé

600 ml de lait condensé sucré régulier

1 c. à thé d'extrait de vanille

92

1 Placer la grille au centre du four préchauffé à 350°F. Beurrer un moule de 9 × 13 po. Tapisser le fond de papier parchemin en le laissant dépasser de chaque côté. 2 Dans un grand bol, mélanger la farine, le bicarbonate, le sel et la cannelle. Réserver. 3 Dans un autre bol, crémer le beurre et la cassonade 3 min au batteur électrique. 4 Ajouter les œufs un à un, en battant entre chaque addition. 5 Incorporer les ingrédients secs avec une spatule. 6 Ajouter les flocons d'avoine et bien mélanger. 7 Réserver 2 tasses de la préparation pour le dessus des carrés. Étendre le reste au fond du moule en pressant avec les mains. Réserver au réfrigérateur.

GARNITURE CHOCO-FUDGE

1 Griller les pacanes dans un poêlon quelques minutes et réserver. 2 Au bain-marie, faire fondre le chocolat, le beurre et le lait condensé jusqu'à l'obtention d'un mélange homogène. 3 Retirer du feu et incorporer les pacanes grillées et la vanille. 4 Verser immédiatement sur la base et étendre uniformément. 5 Parsemer la préparation réservée sur le fudge en formant de petits amoncellements, puis les presser doucement. 6 Cuire 30 min ou jusqu'à ce que le dessus soit légèrement doré. Laisser refroidir complètement sur une grille. Mettre au réfrigérateur environ 1 h avant de démouler. Couper en 20 carrés.

carrés de Corn Flakes
au chocolat

16 CARRÉS

¼ tasse de beurre non salé
1 tasse de pépites de chocolat mi-sucré
5 tasses de guimauves miniatures
1 c. à thé d'extrait de vanille
6 tasses de Corn Flakes

GARNITURE

4 c. à soupe de beurre non salé
1 tasse (6 oz) de chocolat mi-sucré
  à 64 % de cacao

1 Beurrer un moule de 8 × 8 po. Tapisser le fond de papier parchemin en le laissant dépasser de chaque côté. 2 Dans un grand bol, faire fondre le beurre et les pépites de chocolat au micro-ondes 30 à 40 sec. 3 Ajouter les guimauves miniatures et les enrober du mélange de beurre et de chocolat. Cuire 2 min au micro-ondes. 4 Ajouter la vanille et bien mélanger pour faire fondre complètement les guimauves. 5 Incorporer les Corn Flakes et remuer jusqu'à ce qu'ils soient bien enrobés. 6 Étendre le mélange dans le moule et presser fermement pour égaliser la surface. Réfrigérer.

GARNITURE

1 Faire fondre le beurre et le chocolat au micro-ondes environ 40 sec. Bien mélanger. 2 Verser la préparation sur la base refroidie et étendre uniformément. 3 Réfrigérer au moins 1 h avant de démouler. Couper en 16 carrés.

carrés dattes
et orange

20 CARRÉS

GARNITURE

4 tasses de dattes, hachées

1 tasse d'eau froide

Le zeste de 1 orange

4 c. à soupe de jus d'orange frais

1 c. à soupe de jus de citron frais

CROUSTILLANT À L'AVOINE

3 tasses de farine tout usage

3 tasses de gros flocons d'avoine

1 c. à thé de bicarbonate de soude

2 c. à thé de poudre à pâte

½ c. à thé de sel

1 ½ tasse de beurre non salé

1 tasse de cassonade, bien tassée

GARNITURE

1 Dans une casserole, à feu moyen, cuire les dattes dans l'eau en brassant souvent jusqu'à ce que le mélange devienne épais et lisse. Retirer du feu. 2 Ajouter le zeste, le jus d'orange et de citron. Bien mélanger et laisser refroidir.

CROUSTILLANT À L'AVOINE

1 Placer la grille au centre du four préchauffé à 350 °F. Beurrer un moule de 9 × 13 po. Tapisser le fond de papier parchemin en le laissant dépasser de chaque côté. 2 Dans un grand bol, mélanger tous les ingrédients, en incorporant bien les ingrédients secs au beurre. Travailler avec les mains, c'est plus facile. 3 Étendre la moitié du croustillant dans le moule et presser pour égaliser la surface. Étaler la garniture aux dattes. Parsemer du reste de croustillant et presser légèrement. 4 Cuire 45 min. Laisser refroidir sur une grille avant de couper en 20 carrés.

95

barres
« tarte aux pacanes »

12 BARRES

PREMIÈRE COUCHE

½ tasse de beurre non salé, à la température ambiante

1 tasse (6 oz) de chocolat noir à 70 % de
cacao, en morceaux

½ tasse de cassonade, bien tassée

1 c. à thé d'extrait de vanille

1 ¼ tasse de farine tout usage

1 tasse de noix de coco non sucrée râpée

½ c. à thé de sel

DEUXIÈME COUCHE

½ tasse de cassonade, bien tassée

2 c. à soupe de farine tout usage

¼ tasse de beurre non salé,
fondu et tempéré

¾ tasse de sirop de maïs

3 œufs

2 c. à thé d'extrait de vanille

½ c. à thé de sel

1 ½ tasse de pacanes entières

PREMIÈRE COUCHE

1 Placer la grille au centre du four préchauffé à 350 °F. Beurrer un moule de 8 × 8 po.
Tapisser le fond de papier parchemin en le laissant dépasser de chaque côté. 2 Faire fondre
le beurre, le chocolat et la cassonade au micro-ondes environ 1 min. Brasser jusqu'à ce que
la préparation soit homogène. 3 Ajouter la vanille et mélanger. 4 Incorporer la farine, la
noix de coco et le sel. Bien brasser. 5 Étendre le mélange dans le moule et presser fermement pour égaliser la surface. 6 Cuire 15 min. Laisser refroidir sur une grille.

DEUXIÈME COUCHE

1 Dans un bol, mélanger tous les ingrédients sauf les pacanes au batteur électrique jusqu'à
ce que la préparation soit homogène. 2 Déposer les pacanes uniformément sur la base
refroidie. 3 Verser doucement la préparation sur les pacanes. 4 Cuire environ 55 min ou
jusqu'à ce que le centre soit cuit mais encore tremblotant. Laisser refroidir sur une grille,
puis réfrigérer 2 h. Démouler et couper en 12 barres.

carrés à la rhubarbe

20 CARRÉS

1 ¼ tasse de beurre non
salé, à la température
ambiante

1 ¼ tasse de sucre à glacer

3 tasses de farine tout usage

1 c. à thé de sel

GARNITURE

4 tasses de fraises fraîches,
coupées en quatre

3 tasses de rhubarbe,
en morceaux

3 c. à soupe de fécule
de maïs

¾ tasse de sucre

2 c. à thé de zeste d'orange

1 gousse de vanille

CROUSTILLANT

⅔ tasse de farine tout usage

1 ⅓ tasse de poudre
d'amandes

½ c. à thé de cardamome
moulue

½ c. à thé de sel

⅔ tasse de cassonade,
bien tassée

⅔ tasse de beurre
non salé froid

1 Placer la grille au centre du four préchauffé à 350 °F. Beurrer un moule de 9 × 13 po. Tapisser le fond de papier parchemin en le laissant dépasser de chaque côté. 2 Dans un bol, crémer le beurre et le sucre à glacer 2 min au batteur électrique. Incorporer la farine, une tasse à la fois, et le sel pour obtenir une préparation grumeleuse. 3 Étendre le mélange dans le moule et presser fermement pour égaliser la surface. Piquer la pâte avec une fourchette à quelques endroits. 4 Cuire 18 min. Laisser refroidir sur une grille.

GARNITURE

Mélanger les fraises, la rhubarbe, la fécule de maïs, le sucre, le zeste d'orange et les graines de vanille. Fendre la gousse sur le sens de la longueur et gratter avec la pointe d'un couteau pour retirer les graines. Étendre sur la base refroidie.

CROUSTILLANT

1 Dans un bol, mélanger la farine, la poudre d'amandes, la cardamome, le sel et la cassonade. Sabler le beurre et les ingrédients secs avec un coupe-pâte ou avec les doigts jusqu'à l'obtention d'une préparation grumeleuse. 2 Étendre le croustillant sur la garniture et cuire 50 à 55 min. Laisser refroidir complètement avant de couper en 20 carrés.

DE LA PETITE CAISSE
ENREGISTREUSE FISHER-PRICE
AUX VINGT-DEUX COFFRES À PÊCHE !

Carole, la mère de Katrine, est une femme d'affaires. Elle a fait son chemin dans la restauration, où elle a appris très jeune à compter ! C'est elle, la grande trésorière du Kiosque. Elle approvisionne tout le monde en petit change, puis ramasse et compte le « magot » à la fin de la journée !

Au dixième Kiosque, Carole devait fournir la monnaie à un plus grand nombre d'activités. Pour y parvenir, elle a rempli de monnaie des petits coffres à pêche trouvés au magasin à un dollar, qu'elle a ensuite distribués à chaque table. Lorsqu'il n'est resté que des miettes dans les plateaux et que les coffres ont débordé, Margaux a aidé sa grand-mère à mettre de l'ordre dans les liasses de billets avant que celle-ci ne tombe de fatigue.

Le lendemain, Carole avait les idées plus claires : elle et sa sœur Linda ont travaillé pendant quatre heures pour compter l'argent amassé la veille. Devant le grand total de 35 493 $, les deux sœurs étaient d'accord, c'était une vraie pêche miraculeuse !

brownies
d'Élizabeth

12 BROWNIES

1 tasse de beurre non salé, en morceaux

2 tasses (12 oz) de chocolat mi-sucré
  à 64 % de cacao

1 tasse de sucre

1 c. à thé d'extrait de vanille

4 gros œufs

¾ tasse de farine tout usage

½ c. à thé de sel

Garniture royale
  (recette p. 120)

1 Placer la grille au centre du four préchauffé à 325 °F. Beurrer un moule de 8 × 8 po. Tapisser le fond de papier parchemin en le laissant dépasser de chaque côté. 2 Faire fondre le beurre et le chocolat au micro-ondes 1 min. Bien mélanger. Remettre le mélange au micro-ondes et chauffer par intervalles de 30 sec, jusqu'à ce que la préparation soit complètement fondue et homogène. 3 Ajouter le sucre et la vanille. Mélanger. 4 Incorporer les œufs un à un et bien battre entre chaque addition. 5 Ajouter délicatement la farine et le sel. Mélanger juste assez pour obtenir une préparation lisse. 6 Verser dans le moule. 7 Cuire 35 à 40 min ou jusqu'à ce qu'un cure-dent inséré dans un coin du brownie en ressorte avec quelques miettes humides. Ne pas trop cuire pour conserver la texture de fudge. Laisser refroidir complètement sur une grille et réfrigérer 3 h, puis couper en 12 carrés. 8 Déposer une bonne dose de garniture royale au centre de chaque brownie.

Un moment de réconfort, c'est ce que l'on souhaite apporter à une personne malade et à son entourage. D'instinct, on cuisine un dessert pour alléger le quotidien. Dans cette section, vous trouverez des baumes éprouvés depuis des générations, revus par Katrine, pour adoucir les petits bobos et les grands maux.

SAINTE-JUSTINE,
NOUS VOILÀ !

Gâteaux et autres classiques réconfortants

Le premier geste.

Un premier geste, pour le plaisir.

Un premier geste du cœur pour l'hôpital Sainte-Justine.

Parce que dès le premier jour de la vie d'un parent, la sentinelle Sainte-Justine veille.

Elle est là, on la sent prête même si on souhaite ne la voir que de loin.

Inévitablement, la vie nous y amène.

Pour des maux bénins ou une annonce inquiétante, pour notre enfant ou celui de notre meilleure amie, Sainte-Justine est toujours là.

Voilà pourquoi Katrine s'est tournée, sans hésiter, vers la Fondation CHU Sainte-Justine.

Parce que l'hôpital Sainte-Justine fait partie de nos vies.

gâteau pommes et épices

10 À 12 PORTIONS

3 tasses de farine tout usage

1 c. à thé de poudre à pâte

½ c. à thé de sel

1 tasse de beurre non salé,
  à la température ambiante

1 ⅔ tasse de sucre

1 c. à thé de cannelle

½ c. à thé de cinq-épices

1 c. à thé d'extrait de vanille

6 gros œufs

1 tasse de crème sure

2 c. à soupe de jus
  de citron frais

4 pommes, pelées et coupées
  en 12 tranches chacune

1 c. à soupe de beurre
  non salé, fondu

2 c. à soupe de sucre

½ c. à thé de cannelle

1 Placer la grille au centre du four préchauffé à 350 °F. Beurrer et enfariner un moule à charnière de 10 po. 2 Dans un bol, mélanger la farine, la poudre à pâte et le sel. Réserver. 3 Dans un grand bol, crémer le beurre, le sucre, la cannelle, le cinq-épices et la vanille 4 min au batteur électrique. Le mélange doit être pâle et léger. 4 Ajouter les œufs un à un, en battant entre chaque addition. 5 Incorporer les ingrédients secs en trois fois, en alternant avec la crème sure. Ajouter le jus de citron. 6 Verser la moitié du mélange dans le moule. Disposer les tranches de 1 ½ pomme de façon circulaire sur le dessus de la préparation. 7 Ajouter le reste du mélange et déposer les autres tranches de pomme en cercles concentriques. 8 Avec un pinceau, badigeonner les tranches de pomme de beurre fondu. 9 Mélanger le sucre et la cannelle, puis saupoudrer sur les pommes. 10 Cuire 1 h ou jusqu'à ce qu'un cure-dent inséré au centre du gâteau en ressorte propre.

gâteau « piña colada »

2 ¾ tasses de farine tout usage

1 ½ c. à thé de poudre à pâte

¾ c. à thé de bicarbonate de soude

1 ½ c. à thé de cannelle

1 ½ c. à thé de gingembre moulu

¾ tasse de noix de coco râpée

2 boîtes de 15 oz d'ananas broyés
  (30 oz)

½ tasse de jus d'ananas

4 œufs

1 ½ tasse de cassonade,
  bien tassée

1 c. à thé d'extrait de vanille

2 c. à soupe de rhum brun

4 bananes, en purée

¾ tasse d'huile de canola

GLAÇAGE

375 g de fromage à la crème,
  à la température ambiante

¼ tasse de beurre non salé,
  à la température ambiante

1 c. à soupe de lait

Le zeste de 1 citron

3 tasses de sucre à glacer

6 c. à soupe de noix de coco
  râpée

1 Placer la grille au centre du four préchauffé à 350 °F. Beurrer deux moules de 9 po de diamètre et tapisser le fond de papier parchemin. 2 Dans un bol, mélanger la farine, la poudre à pâte, le bicarbonate, la cannelle, le gingembre et la noix de coco. Réserver. 3 Extraire le plus de jus possible des ananas broyés. Conserver séparément les ananas et ½ tasse de jus. 4 Dans un grand bol, battre les œufs, la cassonade, la vanille et le rhum 5 min au batteur électrique jusqu'à ce que le mélange soit bien épais. 5 Ajouter les ananas, le jus d'ananas, les bananes et l'huile. Mélanger. 6 Incorporer les ingrédients secs avec une spatule. 7 Répartir dans les moules et cuire environ 45 min ou jusqu'à ce qu'un cure-dent inséré au centre des gâteaux en ressorte propre. Laisser refroidir sur une grille 15 min avant de démouler.

GLAÇAGE

1 Mélanger le fromage à la crème, le beurre, le lait et le zeste au batteur électrique à basse vitesse. 2 Incorporer le sucre à glacer et brasser jusqu'à ce que la préparation soit homogène. 3 Étendre la moitié du glaçage sur le premier gâteau et superposer le deuxième. Étaler le reste du glaçage sur le dessus. 4 Faire dorer la noix de coco dans une poêle à feu moyen. Laisser refroidir avant d'en saupoudrer le gâteau.

mini-cheesecakes
à la lime

12 À 14 MINI-CHEESECAKES

500 g de fromage à la crème,
  à la température ambiante
½ tasse de sucre
1 c. à thé d'extrait de vanille

2 gros œufs,
  à la température ambiante
Le jus + le zeste de 1 lime
28 biscuits au gingembre
  (type Ginger Snap de Mr. Christie's)

1 Placer la grille au centre du four préchauffé à 320 °F. Déposer un plat d'eau chaude sur la grille du bas (l'humidité permettra une cuisson plus uniforme). Déposer des caissettes en papier dans un moule à muffins. **2** Dans un grand bol, battre le fromage à la crème au batteur électrique à vitesse moyenne-élevée jusqu'à l'obtention d'une consistance légère. Il ne doit pas rester de grumeaux. **3** À basse vitesse, ajouter le sucre et la vanille. Brasser jusqu'à ce que le tout soit bien homogène. **4** Ajouter les œufs un à un, en battant juste assez pour lier les ingrédients sans incorporer trop d'air. **5** Ajouter très doucement le jus et le zeste de lime. **6** Déposer un biscuit au gingembre dans chaque caissette et verser 1 c. à soupe de garniture sur chacun. Placer un autre biscuit sur la garniture. Remplir les caissettes presque à ras bord avec le reste de la garniture. **7** Cuire 22 à 25 min, en effectuant une rotation des moules à mi-cuisson. Il est normal que le centre des gâteaux ne soit pas totalement cuit ; la réfrigération leur donnera une consistance uniforme. Laisser refroidir complètement sur une grille sans démouler. **8** Réfrigérer les mini-cheesecakes dans les moules, à découvert, au moins 5 h.

gâteau renversé ananas et érable

10 À 12 PORTIONS

1 tasse de sirop d'érable
1 ananas, paré et coupé
  en 6 tranches épaisses
1 ½ tasse de farine tout usage
½ tasse de poudre d'amandes
1 c. à thé de poudre à pâte
½ c. à thé de bicarbonate de soude
½ c. à thé de sel

½ c. à thé de muscade moulue
¾ tasse de beurre non salé,
  à la température ambiante
2 c. à thé d'extrait de vanille
1 tasse de sucre
3 œufs
¾ tasse de yogourt nature

1 Placer la grille au centre du four préchauffé à 350 °F. Beurrer un moule de 10 po de diamètre et d'au moins 2 ½ po de hauteur. Tapisser le fond de papier parchemin. 2 Dans une casserole à fond épais, amener le sirop d'érable à ébullition. Baisser la température et laisser mijoter 20 min ou jusqu'à ce que la quantité de sirop ait réduit à ¾ tasse. Verser le sirop réduit dans le moule. 3 Déposer 5 tranches d'ananas au fond du moule, puis couper la sixième tranche en morceaux afin de combler le centre. Réserver. 4 Dans un bol, mélanger la farine, la poudre d'amandes, la poudre à pâte, le bicarbonate, le sel et la muscade. Réserver. 5 Dans un grand bol, crémer le beurre, la vanille et le sucre 3 min au batteur électrique. 6 Incorporer les œufs un à un, en saupoudrant 1 c. à soupe du mélange de farine entre chaque addition. Bien brasser. 7 Ajouter le mélange de farine en trois fois, en alternant avec le yogourt. Mélanger. 8 Verser la préparation sur les ananas. Étendre avec le dos d'une spatule. 9 Cuire 1 h 10 ou jusqu'à ce qu'un cure-dent inséré au centre du gâteau en ressorte propre. Laisser refroidir sur une grille 20 min. Passer un couteau autour du gâteau avant de le renverser dans une assiette. Servir tiède avec une glace à la noix de coco. Divin !

BARBE À PAPA ET POP-CORN…
DANS LE GARAGE !

Après plusieurs Kiosques, certaines familles ont décidé d'innover dans leur façon de s'impliquer.

En 2010, Étienne et Olivier Lamarche ont eu la bonne idée de faire du pop-corn et de la barbe à papa. Enthousiasmés par le projet, leurs parents étaient prêts à louer les machines et à en assurer le fonctionnement. Malheureusement, le Kiosque ne disposait pas d'installations électriques dans le parc. Les membres de la famille Lamarche ne se sont pas découragés pour autant : ils ont décidé d'aller de l'avant en installant tout l'attirail dans leur garage et en organisant un système de brouettes pour le transport des friandises jusqu'au parc. Le résultat des ventes a été spectaculaire : plus de 700 $ de pop-corn… et 0 $ de barbe à papa ! C'est que la machine à pop-corn était docile, alors que celle à barbe à papa s'est montrée un peu capricieuse. Dès sa mise en marche, elle a commencé à cracher de la poudre rose, sucrée et collante partout, un vrai volcan !

La famille Lamarche a été quitte pour un grand ménage du garage et un petit tour sous le boyau d'arrosage !

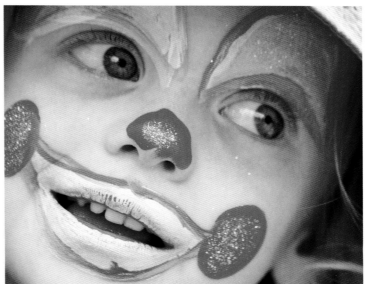

cupcakes à la limonade rose d'Itsi Bitsi

12 CUPCAKES

2 tasses de farine tout usage
¼ c. à thé de sel
1 c. à soupe de poudre à pâte
½ tasse de beurre non salé,
  à la température ambiante
1 tasse de sucre
2 œufs
1 c. à thé d'extrait de vanille
¾ tasse de lait
Le zeste de ½ citron
¾ tasse de framboises congelées,
  en petits morceaux

GLAÇAGE AU CITRON

1 tasse de beurre non salé,
  à la température ambiante
2 ¼ tasses de sucre à glacer
¼ c. à thé d'extrait de vanille
3 c. à thé d'eau chaude
Le zeste de ½ citron

GLAÇAGE À LA FRAMBOISE

1 tasse de beurre non salé,
  à la température ambiante
2 ¼ tasses de sucre à glacer
¼ c. à thé d'extrait de vanille
3 c. à thé de jus de framboise

1 Placer la grille au centre du four préchauffé à 350 °F. Insérer des caissettes en papier dans un moule à muffins. 2 Dans un bol, tamiser la farine, le sel et la poudre à pâte. Réserver. 3 Dans un autre bol, crémer le beurre et le sucre 3 min au batteur électrique. Ajouter les œufs un à un, en battant entre chaque addition, puis la vanille. 4 Incorporer les ingrédients secs au mélange de beurre, en alternant avec le lait. 5 Ajouter le zeste de citron et les framboises en mélangeant délicatement avec une spatule. 6 Répartir la pâte dans les caissettes. 7 Cuire 12 min ou jusqu'à ce qu'un cure-dent inséré au centre d'un cupcake en ressorte propre.

GLAÇAGE AU CITRON

1 Dans un bol, combiner le beurre, le sucre à glacer, la vanille et l'eau au batteur électrique. 2 Ajouter le zeste. 3 Bien mélanger le tout jusqu'à l'obtention d'une consistance aérée.

GLAÇAGE À LA FRAMBOISE

Dans un bol, combiner le beurre, le sucre à glacer, la vanille et le jus de framboise. Bien mélanger le tout jusqu'à l'obtention d'une consistance aérée.

DÉCORATION

Mélanger une part de glaçage à la framboise et une part de glaçage au citron dans une poche à pâtisserie et glacer les cupcakes.

LE GLAÇAGE PEUT SE GARDER
AU RÉFRIGÉRATEUR JUSQU'À
UNE SEMAINE DANS UN
CONTENANT HERMÉTIQUE.
LAISSEZ-LE SIMPLEMENT REVENIR
À LA TEMPÉRATURE AMBIANTE
AVANT DE LE RÉUTILISER.

cupcakes chocolat, chocolat et… chocolat !

12 CUPCAKES

1 tasse de farine tout usage
⅓ tasse de cacao
¾ tasse de sucre
1 c. à thé de poudre à pâte
½ c. à thé de bicarbonate de soude
½ c. à thé de sel
2 gros œufs
½ tasse de crème sure

½ tasse d'eau bouillante
¼ tasse d'huile végétale
1 c. à thé d'extrait de vanille
½ tasse de pépites de chocolat mi-sucré

GANACHE AU CHOCOLAT

1 tasse de pépites de chocolat mi-sucré
½ tasse de crème 35 %

1 Placer la grille au centre du four préchauffé à 350 °F. Insérer des caissettes en papier dans un moule à muffins. 2 Dans un grand bol, mélanger la farine, le cacao, le sucre, la poudre à pâte, le bicarbonate et le sel. 3 Ajouter les œufs, la crème sure, l'eau bouillante, l'huile et la vanille. Fouetter au batteur électrique à vitesse élevée jusqu'à ce que le mélange soit homogène. 4 Incorporer les pépites de chocolat. 5 Répartir la préparation dans les caissettes en les remplissant presque à ras bord. 6 Cuire environ 25 min ou jusqu'à ce qu'un cure-dent inséré au centre d'un cupcake en ressorte propre. Laisser refroidir sur une grille.

GANACHE AU CHOCOLAT

1 Déposer les pépites de chocolat dans un bol. Réserver. 2 Dans une petite casserole, porter la crème à ébullition. Retirer du feu et verser aussitôt la crème sur le chocolat. Laisser reposer 1 min sans remuer. 3 Mélanger au fouet jusqu'à ce que la préparation soit homogène. 4 Réfrigérer la ganache 3 min afin qu'elle épaississe légèrement. Tartiner les cupcakes et décorer au goût.

cupcakes choco, version Margaux

(sans produits laitiers, sans œufs, sans noix)

12 CUPCAKES

1 tasse de farine tout usage
½ tasse de cacao
¾ tasse de sucre
2 c. à thé de poudre à pâte
½ c. à thé de bicarbonate de soude
½ c. à thé de sel
½ tasse de crème Belsoy
1 ½ c. à soupe de jus de citron
½ tasse d'eau bouillante
3 c. à soupe de compote de pommes
⅓ tasse d'huile végétale
1 c. à thé d'extrait de vanille
½ tasse de pépites de chocolat
  sans produits laitiers

LA CRÈME BELSOY EST
UN PRODUIT FANTASTIQUE
QUI REMPLACE TRÈS BIEN
LA CRÈME 35 %. EN Y AJOUTANT
DU JUS DE CITRON, ON OBTIENT
UNE BONNE ALTERNATIVE
À LA CRÈME SURE !

GANACHE AU CHOCOLAT

1 tasse de pépites de chocolat
  sans produits laitiers
¾ tasse de crème Belsoy

1 Placer la grille au centre du four préchauffé à 375°F. Insérer des caissettes en papier dans un moule à muffins. 2 Dans un grand bol, mélanger la farine, le cacao, le sucre, la poudre à pâte, le bicarbonate et le sel. Réserver. 3 Fouetter la crème Belsoy et le jus de citron. Laisser reposer 2 min. Incorporer aux ingrédients secs avec l'eau bouillante, la compote, l'huile et la vanille au batteur électrique. Bien brasser. 4 Incorporer les pépites de chocolat et répartir le mélange dans les caissettes. 5 Cuire 25 à 30 min ou jusqu'à ce qu'un cure-dent inséré au centre d'un cupcake en ressorte propre. Laisser refroidir complètement sur une grille.

GANACHE AU CHOCOLAT

1 Déposer les pépites de chocolat dans un bol. Réserver. 2 Dans une casserole, amener la crème Belsoy à ébullition. Verser sur le chocolat et attendre 1 min avant de brasser. 3 Mélanger la préparation au fouet jusqu'à ce que le chocolat ait bien fondu. 4 Garnir les cupcakes de ganache et décorer avec des petites perles colorées.

gâteau poires-choco-gingembre

12 PORTIONS

1 ½ tasse + 1 c. à soupe de sucre
(pour saupoudrer)

6 petites poires mûres encore fermes,
pelées, épépinées et coupées en deux

1 ¼ tasse de cacao

1 ¼ tasse de farine tout usage

1 c. à thé de poudre à pâte

1 c. à thé de sel

3 c. à thé de gingembre moulu

1 ¼ tasse de beurre non salé,
à la température ambiante

2 c. à thé d'extrait de vanille

4 gros œufs

1 ½ tasse de crème sure

1 Placer la grille au centre du four préchauffé à 350 °F. Beurrer un moule de 9 × 13 po. Tapisser le fond de papier parchemin en le laissant dépasser de chaque côté. 2 Saupoudrer le fond du moule de 1 c. à soupe de sucre et y déposer les poires, côté coupé vers le bas. 3 Dans un bol, tamiser le cacao. Ajouter la farine, la poudre à pâte, le sel et le gingembre. Mélanger. 4 Dans un grand bol, crémer le beurre, le sucre et la vanille 3 min au batteur électrique ou jusqu'à ce que le mélange soit pâle et léger. 5 Incorporer les œufs un à un, en saupoudrant 1 c. à soupe du mélange de farine entre chaque addition. Bien brasser. 6 Ajouter le mélange de farine en trois fois, en alternant avec la crème sure. 7 Verser la préparation sur les poires. Étendre avec le dos d'une spatule. 8 Cuire 55 min ou jusqu'à ce qu'un cure-dent inséré au centre du gâteau en ressorte propre. Laisser refroidir sur une grille 20 min. Passer un couteau autour du gâteau avant de le renverser dans une assiette.

gâteau Reine-Élisabeth

10 PORTIONS

1 ¼ tasse de dattes dénoyautées, hachées grossièrement

1 tasse d'eau

1 ½ tasse de farine tout usage

1 c. à thé de poudre à pâte

1 c. à thé de bicarbonate de soude

¼ c. à thé de sel

⅓ tasse de beurre non salé, à la température ambiante

¾ tasse de sucre

1 gros œuf + 1 jaune

1 c. à thé d'extrait de vanille

¾ tasse de pacanes, hachées

GARNITURE ROYALE

1 boîte de 300 ml de lait condensé sucré régulier

3 jaunes d'œufs, légèrement battus

¾ tasse de beurre non salé

1 c. à thé d'extrait de vanille

1 ½ tasse de noix de coco râpée

1 ¼ tasse de pacanes, hachées

120

1 Placer la grille au centre du four préchauffé à 350°F. Beurrer un moule de 9 × 9 po. Tapisser le fond de papier parchemin en le laissant dépasser de chaque côté. 2 Dans une casserole, à feu moyen, cuire les dattes dans l'eau en mélangeant souvent. Le mélange doit devenir épais et lisse. Laisser refroidir. 3 Dans un bol, mélanger la farine, la poudre à pâte, le bicarbonate et le sel. Réserver. 4 Dans un autre bol, crémer le beurre et le sucre 3 min au batteur électrique. 5 Ajouter l'œuf, le jaune et la vanille. Bien mélanger. 6 Incorporer les ingrédients secs et les dattes. Mélanger et ajouter les pacanes. 7 Verser la préparation dans le moule. 8 Cuire 35 min ou jusqu'à ce qu'un cure-dent inséré au centre du gâteau en ressorte propre.

GARNITURE ROYALE

1 Dans une casserole, mélanger le lait condensé, les jaunes d'œufs, le beurre et la vanille. Porter à ébullition, puis cuire à feu moyen 5 min. 2 Incorporer la noix de coco et les pacanes. 3 Verser le mélange sur le gâteau. Remettre au four 10 min ou jusqu'à ce que la garniture soit dorée.

tarte aux pommes

12 PORTIONS

PÂTE

2 tasses de farine tout
  usage
½ c. à thé de sel
1 tasse de shortening
  végétal froid, en cubes
½ tasse d'eau glacée

GARNITURE

12 pommes Cortland,
  pelées et tranchées
¾ tasse + 1 c. à soupe
  de sucre (pour saupoudrer)
¾ tasse de cassonade
⅔ tasse de farine tout
  usage

1 c. à thé de cannelle
1 pincée de sel
⅓ tasse + 3 c. à soupe
  de crème 35 %
¼ tasse de beurre non salé
1 jaune d'œuf

PÂTE

1 Mettre un coupe-pâte au congélateur quelques minutes avant de préparer la pâte. 2 Dans un grand bol, tamiser la farine et le sel. Ajouter les cubes de shortening. Sabler la farine et le shortening avec le coupe-pâte pour obtenir des boules de la grosseur de petits pois. 3 Faire un trou au milieu de la préparation et y verser l'eau. Bien mélanger avec une cuillère de bois jusqu'à l'obtention d'une pâte homogène. Si la pâte est trop collante, ajouter un peu de farine. 4 Former un disque avec la pâte et réfrigérer au moins 1 h avant d'abaisser.

GARNITURE

1 Placer la grille au centre du four préchauffé à 450 °F. Enfourner une plaque à biscuits. 2 Dans un grand bol, mélanger le sucre, la cassonade, la farine, la cannelle et le sel. Enrober les pommes de cette préparation. Réserver. 3 Abaisser la moitié de la pâte au rouleau sur une surface légèrement enfarinée. Déposer au fond d'une grande assiette à tarte de 9 po de diamètre et de 3 po de profondeur. Laisser dépasser la pâte d'environ ½ po. 4 Mettre une montagne de pommes sur le fond de tarte. Arroser de crème et parsemer de noisettes de beurre. 5 Abaisser le reste de la pâte et déposer sur les pommes. Bien sceller les bords en repliant l'excédent de l'abaisse supérieure sous l'abaisse inférieure. 6 Denteler les bords de l'abaisse avec les doigts et faire quelques incisions dans la pâte afin de laisser la vapeur s'échapper. 7 Mélanger le jaune d'œuf et les 3 c. à soupe de crème et en badigeonner le dessus de la tarte. Saupoudrer de 1 c. à soupe de sucre. 8 Déposer la tarte au four, sur la plaque à biscuits. Cuire 10 min à 450 °F, puis 1 h 10 à 350 °F ou jusqu'à ce que les pommes soient tendres. Laisser refroidir sur une grille au moins 3 h avant la grande dégustation !

LA RÉCOMPENSE

Le lendemain du Kiosque, les enfants empilent les billets de cinq, dix et vingt dollars dans les plats de plastique qui contenaient les petits gâteaux la veille. Une fois le grand total fait, ils apportent eux-mêmes les rouleaux de monnaie dans les petites boîtes très lourdes. L'enveloppe avec les gros chèques les laisse indifférents… et pourtant! Quelle satisfaction de voir le fruit de l'effort collectif arriver directement à l'hôpital Sainte-Justine, porté par un feu d'artifice d'yeux pétillants qui feront à leur tour briller d'autres regards!

Lorsqu'on vit un tel moment dans son enfance, on veut le revivre en grandissant. C'est pourquoi, dans les semaines qui suivent le Kiosque de limonade, des petits kiosques maison poussent comme des champignons dans le quartier, puis des familles vont porter à Sainte-Justine les dix, vingt ou trente dollars qu'ils ont amassés. Cet effet d'entraînement, c'est la récompense de Katrine, Valérie, Carole, Guylain, Yvette, Marie-Josée, Annick, Chantal, Francine…

gâteau marbré cannelle et pacanes

8 À 10 PORTIONS

GARNITURE CANNELLE ET PACANES

1 tasse de cassonade

1 c. à soupe de cannelle

1 ½ c. à soupe de cacao

1 ½ tasse de pacanes,
  hachées grossièrement

4 c. à soupe de beurre
  non salé, fondu

GÂTEAU

2 tasses de farine tout usage

2 c. à thé de poudre à pâte

¼ c. à thé de sel

½ tasse de beurre non salé,
  à la température ambiante

2 c. à thé d'extrait de vanille

1 tasse de sucre

3 œufs

1 tasse de crème sure

123

GARNITURE CANNELLE ET PACANES

1 Dans un bol, mélanger la cassonade, la cannelle, le cacao et les pacanes. 2 Ajouter le beurre fondu et remuer à la fourchette. Réserver.

GÂTEAU

1 Placer la grille au centre du four préchauffé à 350 °F. Beurrer un moule à charnière de 9 po et tapisser le fond de papier parchemin. 2 Dans un bol, mélanger la farine, la poudre à pâte et le sel. Réserver. 3 Dans un grand bol, crémer le beurre, la vanille et le sucre 3 min au batteur électrique. 4 Incorporer les œufs un à un, en saupoudrant 1 c. à soupe du mélange de farine entre chaque addition. Bien brasser. 5 Ajouter le mélange de farine en trois fois, en alternant avec la crème sure. 6 Verser un tiers de la préparation dans le moule. Étendre avec le dos d'une spatule. 7 Saupoudrer la moitié de la garniture cannelle et pacanes. Verser un autre tiers de la préparation à gâteau. Étendre doucement avec le dos d'une spatule. Saupoudrer le reste de la garniture. Verser une dernière couche de préparation à gâteau au centre, sans étendre : la garniture doit être visible sur les côtés. 8 Cuire 1 h ou jusqu'à ce qu'un cure-dent inséré au centre du gâteau en ressorte propre. Laisser refroidir sur une grille et démouler.

tartelettes au beurre
et aux noix de pin

12 À 14 TARTELETTES

¾ tasse de noix de pin

½ tasse de cassonade

½ tasse de sirop de maïs

½ tasse de sirop d'érable

2 œufs

¼ tasse de beurre
 non salé, fondu

1 c. à thé d'extrait de vanille

1 c. à thé de vinaigre blanc

½ c. à thé de sel

Pâte à tarte (recette p. 121)
 ou pâte à tarte du commerce

1 Placer la grille au centre du four préchauffé à 400 °F. 2 Faire griller les noix de pin dans un poêlon quelques minutes. Réserver. 3 Dans un bol, bien mélanger la cassonade, le sirop de maïs, le sirop d'érable, les œufs, le beurre, la vanille, le vinaigre et le sel. Réserver. 4 Sur une surface enfarinée, abaisser la pâte à ⅛ po d'épaisseur. Découper 12 cercles avec un emporte-pièce rond de 4 ½ po (par exemple, le couvercle d'un gros pot de yogourt), en utilisant l'excédent de pâte. 5 Déposer un cercle de pâte dans chaque cavité d'un moule à muffins. Répartir les noix de pin dans les tartelettes. 6 Remplir de garniture aux trois quarts. 7 Cuire 18 à 20 min ou jusqu'à ce que la garniture soit gonflée et la pâte dorée. Laisser reposer sur une grille 4 min avant de passer la lame d'un couteau autour des tartelettes pour les démouler. 8 Laisser refroidir complètement sur la grille.

DU PREMIER KIOSQUE...

TEMPS DE PRÉPARATION	NOMBRE DE CLIENTS	RENDEMENT
2 heures	10	35,50 $

INGRÉDIENTS   1 envie d'avoir du plaisir

1 amie : Valérie   2 pots de limonade   1 brouette
4 enfants   4 recettes de biscuits   1 geste généreux

AU DIXIÈME !

TEMPS DE PRÉPARATION	NOMBRE DE CLIENTS	RENDEMENT
4 mois	2 000	35 500 $

INGRÉDIENTS   1 envie de faire plaisir… à beaucoup plus de monde !

1 comité organisateur officiel
  pour la PME de limonade

25 mamans bénévoles du quartier

1 belle-sœur de l'Estérel

2 amies d'Ahuntsic et leurs copines

3 grands-mères de Laval

les membres du département
  d'approvisionnement
  d'un cirque bien connu

1 jardinière transformée
  en limonadière

1 ex-politicien converti en responsable
  des résidus non comestibles

1 beau-frère clown

4 employés de la ville
  et leur contremaître

la sécurité publique

une cinquantaine
  de petits G.O.* bénévoles

12 glacières de limonade

1 dix-roues de recettes
  (il y a un peu d'exagération là-dedans !)

10 voitures et 1 camion réfrigéré

1 place dans un entrepôt
  de congélation et 3 congélateurs

40 kg de bonbons

1 roulotte à hot-dogs à la saucisse
  italienne d'un ami généreux

1 voiturette de crème glacée

1 chorale, Le Chœur enchanté

12 grosses pancartes à planter dans le sol

2 structures gonflables
  d'un autre ami généreux

70 douzaines de verres
  et autant de pailles

1 tente de banquet et 8 petites tentes

8 tables à pique-nique
  et 12 tables de 6 pieds

* Gentils Organisateurs ou Gourmands Organisés

COMMENT FAIRE
DES GÂTEAUX BEAUX
COMME SUR LES PHOTOS?

LES MOULES

• Respectez la taille proposée pour les moules: c'est une des clés du succès!

• Choisissez des moules en aluminium bien carrés et d'une hauteur de 3 po pour éviter les coins arrondis. Ils sont parfaits pour la cuisson des barres, des carrés et des brownies.

• N'hésitez pas à diviser vos recettes de pains aux bananes, de gâteaux et de cakes en utilisant des petits moules à cakes en carton de 6 × 3 ½ po qui vont directement au four. Ces moules sont vendus dans les boutiques de cuisine spécialisées comme France Décor et Ares. Vous obtiendrez ainsi de beaux et bons cadeaux à offrir, des gâteaux comme sur les photos! Il suffit ensuite de les emballer de papier cellophane et de raphia. N'oubliez pas de réduire le temps de cuisson.

129

LE PAPIER PARCHEMIN, VOTRE MEILLEUR AMI

• Beurrer vos moules et les tapisser de papier parchemin vous évitera bien des soucis! En laissant dépasser le papier parchemin de chaque côté du moule, vous vous assurerez un démoulage rapide et efficace. Une fois votre dessert refroidi, tirez sur le papier qui dépasse, et hop! le tour est joué.

• Pour les desserts rebelles qui restent malgré tout collés au fond du moule après la réfrigération, la technique du bain chaud est infaillible: déposez votre moule dans un lavabo rempli d'un peu d'eau chaude pendant une minute. Le sucre cristallisé sur les parois du moule fondra et vous pourrez ainsi retirer votre dessert plus facilement.

DU CHOCOLAT, C'EST BON, DU BON CHOCOLAT, C'EST DÉLICIEUX!

• Investissez dans un cacao non sucré de bonne qualité, le Valrhona par exemple.

• Lorsqu'une recette nécessite du chocolat fondu, si c'est possible, utilisez des pastilles de chocolat. Le chocolat Barry est un très bon choix.

• Pour le chocolat mi-sucré, choisissez un chocolat à 64 % de cacao. Pour le chocolat noir, utilisez idéalement du chocolat à 70 % de cacao.

LA COUPE ET LA FORME

• Avant de trancher vos barres, carrés et gâteaux, trempez la lame de votre couteau dans de l'eau très chaude et essuyez l'excédent. Répétez avant chaque coupe. Vous obtiendrez ainsi de beaux morceaux bien définis au look de pro!

• Pour les couper encore plus facilement, laissez vos desserts refroidir sur une grille à la sortie du four. Ajoutez un petit tour au congélateur (environ trente minutes). Le dessert deviendra alors plus ferme, donc plus facile à trancher!

• Réfrigérez vos biscuits dix minutes avant de les cuire. La pâte s'étalera moins et ils garderont une forme plus nette.

BEURRE ET ŒUFS: PETITES FORMALITÉS

• Pour obtenir un beurre à la température ambiante, laissez-le se réchauffer à la température de la pièce. Le beurre doit être mou, homogène mais pas fondu. Vous obtiendrez ainsi la consistance désirée au moment de crémer le beurre avec le sucre. Ne soyez pas tenté de le chauffer au micro-ondes: il fondra au lieu de ramollir.

• Faites d'une pierre deux coups: sortez les œufs du réfrigérateur au même moment que le beurre. Ils se mélangeront mieux, eux aussi, à vos préparations.

• L'étape «crémer le beurre et le sucre» est très importante pour incorporer un maximum de bulles d'air dans le mélange. Il faut donc respecter le nombre de minutes proposé au moment de battre la préparation pour obtenir un gâteau plus haut, plus onctueux et... plus beau!

LA CONGÉLATION POUR LES GRANDES OCCASIONS!

- Les cupcakes nappés de ganache se congèlent mieux que ceux recouverts de glaçage au beurre. Attention, ils doivent faire un petit tour, à découvert, au congélateur (vingt minutes environ sur une plaque) avant d'être placés dans un contenant hermétique pour un long séjour.

- Les sacs de plastique desquels on retire l'air avec une paille sont parfaits pour la congélation. Ils prennent aussi moins d'espace que les contenants de plastique. C'est de cette façon que l'on congèle les mini-cheesecakes du Kiosque!

- Pour un emballage à toute épreuve, déposez d'abord une feuille de papier parchemin sur le dessus du dessert à congeler. Emballez-le ensuite avec deux couches de pellicule plastique (il faut que ce soit bien serré!), puis avec beaucoup de papier d'aluminium. Voilà, vos gâteaux peuvent attendre le grand jour!

IL FAUT QUE ÇA SOIT BEAU!

- Les caissettes à muffins et à cupcakes existent dans une multitude de couleurs et de motifs. Laissez-vous charmer et décorez vos cupcakes avec des perles en sucre aux couleurs assorties. Les perles argentées sont particulièrement belles!

- Utilisez des caissettes dorées, argentées ou de couleur foncée pour les pâtes à base de chocolat. Vous éviterez ainsi que le mélange de chocolat assombrisse la caissette.

- Les colorants alimentaires en gel Wilton sont formidables pour colorer les glaçages et la guimauve de la pyramide de kric-krac-krouc. Vous les trouverez chez Ares, France Décor et autres boutiques spécialisées.

- Ne vous gênez pas pour présenter vos gâteaux sur un piédestal. Une base de cloche à gâteaux met un dessert en valeur en un clin d'œil! Vous pouvez aussi étager vos barres, brownies et carrés: vous leur donnerez ainsi de la prestance!

UN MOT
DES AUTEURES

Nous espérons que ce livre vous a permis de saisir l'essence du Kiosque, ce kaléidoscope de couleurs, de mouvement et de vie. Une folle histoire que nous avons voulu raconter pour que tout le monde puisse en prendre une bouchée.

Le Kiosque de limonade, c'est justement la révolution de la petite bouchée. Par gourmandise, on vient faire le plein de gâteaux, puis, à notre tour, on cuisine et on amène des amis. Sans s'en rendre compte, on fait des gestes irrationnels comme enlever les grilles de son réfrigérateur pour mieux empiler six douzaines de coupes de Jell-O. On rencontre plein de gens : petits, moyens, grands, malades, en pleine forme, seuls ou en famille. On constate l'importance d'un sourire, de se retrouver ensemble dans un même but. On écrit un livre et, au bout du compte, on est fières d'être un grain de sucre dans un monde qui a besoin d'espoir !

Vous êtes formidables...
Merci!

Les grands

Guylain Verdier, Carole Martel, André Verdier, Tante Yvette, Linda Martel, Térésa, Anny Mendoza, Isabelle Verdier, Charles Huot, Jean-Louis Verdier, Valérie Benoît, Annick Therrien, Chantale Landry, Chantale Robitaille, Chantale Rivard, Linda Coulombe, Claude Patry, Anne-Claude Michaud, Virginie Cyr, sa maman, Catherine Benoît, Paul Charbonneau, Éric Verdier, Marc-André Verdier, Arianne Turennes, Caroline Lévesque, Sophie Turpin, Sophia Morel, Anim Swart, Anne Drolet, Caroline Dupuis, Chantal Arcand, Chantale Tremblay, Clara St-Jacques, Claude Marcotte, Josée Dufresne, Danielle Genest, Susanne Koltai, Denis Authier, Marie-Josée Després, Stéphanie Beaudoin, Isabelle Pépin, Julie Turgeon, Jean-François Ménard, Jean-Guy Maheu, Julie Miville-Dechêne, Lisa Marcovici, Frédérique B. Charbonneau, Lisa Wolofsky, Lison Larose, Lyne Gosselin, Martin Lemire, Heather Cripotos, Hélène Bernier, Oakley et Pamela Semple, Chris Mandelos, Maria Caballero, Chantal Landry, Manon Chicoine, Marie-Danielle Bourdon, Martine Giroux, Martine Michèle, Michel Delorme, Nathalie Boies, Marie-Chantal Cloutier-Nappert, Nadyne Landry, Nathalie Szuszkiewicz, Frédérique Steenackers, Jonathan Valois, Isabelle Quinn, Michel Richard, Giselle Lacasse, Robert Benoît, Margarita Pozo, Sylvain Drolet, Brigitte Tremblay, Claudette Perreault, Linda Nadeau, Michel Prince, Anne Charpentier, Chantal Dubois, Valérie Viel, Claire Gamache, Françoise et Mireille Morin, Gaétan Lévesque, Jean Lacasse, Madeleine Lacasse, NathB, Caroline Lanctôt-Benoît, Suzanne Desmarais, Susanne Koltai, André Bastien, Lison Lescarbeau, Marie-Eve Gélinas, Marike Paradis, Clémence Beaudoin, Sarah Scott, Anne Gagné, Sylvain Riel, Hélène Bernier, Anne-Marie Saint-Jacques, Yannick Provencher, Virginie Chevalier-Archambault, Vincent Fortier-Martineau, Martine Leblanc, Isabelle Duquette, Johanne Wayland, Nicole Piché, Dominique Benoît, Susie Huneault, Daniel Payette, François Hogue, Adam Martin, Geneviève Piquette, Nadia Malek, Mike Buckley, Stéphanie Gauthier, Myriam Charron-Geadah, François Martin, Claire Picouet, Alfonso Sastre, Isabelle Seignon, Alexandra Morin-Ivanoff, Isabelle Maréchal, l'équipe de la Fondation CHU Sainte-Justine (Guy-Renaud Kirouac, Diane Fabi, Julie Lambert, Isabelle Lévesque, Chantal Soly et Anièle Lecoq)

Les enfants

Margaux et Sarah Verdier, Félixe et Marine Valois, Emanuelle et Anne-Sophie Roy, Etienne et Olivier Lamarche, Rolland Charbonneau, Olivier et Alexa Normandin, Félicité et Louis Charles Girard, Mathilde et Charlotte Simard, Marie-Claire Ouimet, Émile, Mathilde et Simone Huot, Camille et Justine Bardagi, Valérie, Laurence et Frédérique Potvin, Olivier et Camille Rochon, Vincent et Antoine Authier, Léa-Kate Marcotte, Annie Desmarrais, William Seminaro-Valois, Juliette et Charlotte Faucher, Christopher Zakem, Michaella et Émilie Hirsh, Étienne, Rosalie et Émilien Morin-Lévesque, Benjamin Cloutier-Napert, Alice et Juliette Lapointe, Monica-Ann Jarry, Jade LeVanden, Florence Pelletier, Gabrielle Bremshey, Marilou Béland, Jonathan Yee, Vincent Villiard, Mikael Ravary, Kassandra Bacile, Catherine Julien, Sophie Bernier, Charlie Verdier, Charlotte St-Amour, Marion Massicotte, Gabrielle De Serre, Catherine Fauvel-Benoît, Marie-Ève Lachapelle, Sarah Bastien, Andrée-Anne Lachapelle, Alizée Bessim-Gagné, Mélanie Reid, Florence Labelle, Chloé Charron, Charlotte Carpentier, Adèle Lussier, Camille Dubois, Ariel Du Temple, Félix Lefebvre, Béatrice Lamarche, Pascale Chagnon, Ariane Carpentier, Florence Laurain, Arianne Lamarre, Élyse Parisien-Cameron, Simone Bélanger-Charpentier, Pauline Camus, Éléonore Gascon-Detuncq, Charlène Bibeau, Béatrice Di Zazzo, Florence Labelle, Claudia Morin, Karelle Goguen-Bancel, Elisabeth Lachance, Rosemarie et Léo Blais-Dion, Frédérik Jutras, Mehdi Gasmi, Mathilde Cassou, Florence Leblanc-Dubois

Les commanditaires

Groupe Immobilier Verdier, Équipe Bardagi, Provigo Lucerne, Les Aliments Ange-Gardien, Le Bilboquet, Dépanneur Le Pick-Up, Townie Treats, Itsi Bitsi, Mamie Clafoutis, Casa Luca, Bilodeau Transport, Sweet Isabelle, Cartonnerie de Montréal, Star Bédard, Commensal, Roma, Coca-Cola, Craque Pop, Tentes Grandchamps, Tentes Fiesta, France Décor, Beads Planète, Boutique Walk-In, Furisme, Le Must, Européa, La Pizzaiolle, Les Clowns du Carrousel, Adonis, Congébec, Loblaws Sainte-Croix, Farinex, Planète Amusement, L'Express de Ville Mont-Royal, Bureau en Gros de Ville de Mont-Royal, Party Expert l'Acadie, Maquillages Conception Émilie Campbell, NathB Photographe, municipalité de Ville Mont-Royal, Jean-François Ménard Designer, Service de garde de l'école Saint-Clément, L'académie Culinaire, Agence Upperkut, Emballages Carrousel, Les sœurs en vrac

INDEX

Cet ouvrage a été composé en Walbaum 12/13
et achevé d'imprimer en Chine en mars 2012